Ueber

die gesetzliche Regelung der Volksschule in Preußen nach der Verfassung

von

Th. Gieseler,

Pfarrer zu Hüllhorst, Kreis Lübbecke, Regierungsbezirk Minden.

Berlin.

Verlag von J. Guttentag.

1860.

Vorwort.

Voraussichtlich werde ich als Prediger dem Vorwurfe nicht entgehen, daß ich die Unabhängigkeit der Schule von der Kirche zu begünstigen scheine — obwohl im Grunde von keiner Begünstigung die Rede sein kann, wo die Aufgabe eine rein objektive ist. — Was übrigens die evangelische Kirche betrifft, so kann man nicht sagen, daß die Verfassung die Schule außer dieselbe stelle, indem sie ihr Selbständigkeit zugesteht; denn die evangelische Kirche wird nicht, wie die Katholische, ausschließlich von der Geistlichkeit, sondern nach Art. 7. der Augsburger Konfession, von der „Versammlung der Gläubigen," also von ihren sämmtlichen Mitgliedern repräsentirt.*)

*) So auch Luther (Ausleg. d. 110. Psalms): „denn in der Gemeinde können sie nicht alle des Amts gewarten — — darum muß man etliche dazu erwählen und verordnen — — solches ist aber nicht der Priesterstand an ihm selbst, sondern ein gemein öffentlich Amt für die, so da alle Priester d. i. Christen sind." —

Da es nun kein kompetentes menschliches Glaubensgericht giebt — Gott bewahre uns davor! — so kann die in Art. 15. der Verfassung der evangelischen

Die Unabhängigkeit der Schule von den evangelischen Geistlichen — so fern die Verfassung eine solche fordert — ist also noch nicht gleich zu setzen einer Unabhängigkeit von der evangelischen Kirche. In dieser hat jedes Mitglied je nach seinem Berufe, haben auch die zum Unterrichte habilitirten Lehrer als solche ihre selbständige Berechtigung, und den Religions-Unterricht beaufsichtigen die Geistlichen nur im Auftrage der Kirche d. h. der Versammlung aller Gläubigen. Eine unbedingte Abhängigkeit der Schule von den Geistlichen möchte weder dem Zwecke derselben immer förderlich, noch auch für die (rechtmäßige) evangelische Kirche stets wünschenswerth sein. Jene Abhängigkeit könnte sie oft hindern, ihrem Berufe gemäß dem Fortschritte der Zeitkultur zu folgen, ja könnte sie sogar in eine dieser feindliche Richtung hineindrängen. Würde eine exklusive Richtung der Geistlichen durch einen äußern Druck erzwungen; würden z. B. nur Prediger dieser Richtung befördert, dagegen andre, die sich dem Geiste der evangelischen Kirche gemäß an's schlichte Gotteswort hielten, durch Zurücksetzung bestraft: so wäre es nicht wünschenswerth, daß sofort auch der Lehrerstand solchem demoralisirenden Drucke unter-

---

Kirche zugesicherte Selbstverwaltung rechtmäßig nur im Geiste der Majorität ihrer Mitglieder geschehen. Wenn ihr dieselbe etwa durch den Druck einer zur Macht gelangten Parteirichtung verkümmert würde, so könnte das Abgeordnetenhaus ihr Rechtsschutz füglich eben so wenig versagen, wie jeder andern berechtigten Korporation. (Vgl. auch Protestant. Kirchenz. 1860 Nr. 8.) Auch würde eine solche Einmischung des hohen Hauses die evangelische Kirche keineswegs herabwürdigen. Vielmehr ist ja eben das ihr Recht und ihr Stolz, daß jedes ihrer Mitglieder befugt ist, an einflußreicher Stelle ihre Sache zu führen. Die katholische Fraktion dürfte darum nicht triumphiren; denn Beschwerden können sich möglicher Weise nur richten gegen eine Annäherung an die katholische Kirche — gegen ein exklusives Priesterthum.

worfen würde. Schlimm genug, wenn die öffentliche Meinung sich auch nur für berechtigt hielte, der Kirche und Schule jenes entsetzliche Wort anzuheften, welches immer an sittliche Zerrüttung gemahnt, dessen Klang stets in Hohn verschwinget — das Wort Korruption!*)

Wenn ferner jene exklusive Richtung im feindlichen Widerspruche gegen den Bildungsstand der Gegenwart die Kirche auf den Standpunkt einer längst vergangenen Zeit zurückdrängte und dadurch die Mehrheit der Mitglieder ihr entfremdete; wenn sie in dieser Weise die „Grundanschauungen" der evangelischen Kirche

*) Die bekannten Königlichen Worte: „In der evangelischen Kirche, wir können es nicht läugnen, ist eine Orthodoxie eingekehrt, die mit ihrer Grund-Anschauung nicht verträglich ist und die sofort in ihrem Gefolge Heuchler hat" — können denkbarer Weise auf nichts Anderes, als auf eine exklusive Richtung und eine daraus resultirende Korruption mißbilligend hindeuten. Wenn aber Prediger, die einer exklusiven Richtung nicht huldigen, auch jetzt noch die gewohnte Zurücksetzung erfahren, so muß das wol sonst einen verborgenen Grund haben; denn wenn dieselben von Königlicher Behörde nicht nur zu Märtyrern ihres Gewissens, sondern nun auch noch zu Märtyrern des Königlichen Willens gemacht würden, so wäre das allerdings — verwirrend.

Einem mir befreundeten Prediger bewilligte seine Gemeinde 150 Thaler Zulage, um ihn sich zu erhalten. Er brauchte darum seine Meldung nicht zurückzuziehen, obwohl sein Dienstalter ihn längst zur Hoffnung auf Beförderung berechtigte. Auch die Lehrer hatten ihm als Schulinspector durch ein Geschenk ihre „Liebe und Verehrung" bezeugt. Die Zurücksetzung und kümmerliche Lage dieses durch vielseitige, treue Thätigkeit (auch an einer Fortbildungsschule, die freilich von den Exklusiven als „Teufelsschule" nicht begünstigt wird), so wie durch seine anspruchslose Herzensgüte ausgezeichneten Mannes hat mich fast noch mehr ergriffen, als eine mir selbst noch kürzlich wiederfahrene auffallende Zurücksetzung. Da die letztere einiges Aufsehen erregt hat, erwähne ich sie hier nur, weil sie von Mißwollenden mit dieser Schrift in Verbindung gesetzt werden könnte. Das Manuscript derselben lag zu der Zeit schon in Berlin.

verleugnete: dann könnte es sogar kommen, daß man zum Heile dieser Kirche selbst eine selbständige Schule als Depositär jener Grundanschauungen herbeiwünschte. Was bliebe denn sonst, um jene verderbliche Divergenz zu mildern und eine Ausgleichung wenigstens offen zu halten? —

Hüllhorst, den 3. April 1860.

Der Verfasser.

Einleitung.

§. 1. „Ein besonderes Gesetz regelt das ganze Unterrichtswesen" sagt Art. 26 der Preuß. Verfassung. Dies mit Sehnsucht erwartete Gesetz ist Art. 21 bis Art. 25 in seinen Hauptumrissen vorgezeichnet. Indem diese Schrift der Entwerfung desselben nachforscht, kann sie nur insofern Interesse beanspruchen, als es ihr gelingt, auf jeden subjektiven Standpunkt verzichtend, im Sinne der Verfassung jenen skizzirten Umrissen ihre konkrete Ausführung entsprechend einzuzeichnen. Es ist dazu nöthig, jedem subjektiven Standpunkte zu entsagen; sonst würde jeder Andersgesinnte seinen verschiedenen Maßstab mitbringen, und die allgemeinen Bestimmungen, wie die Verfassung sie giebt, würden in der Anwendung jeder Willkür einen unbegränzten Spielraum gestatten. Sehr verschieden würde z. B. gleich das Urtheil darüber ausfallen, welcher Unterricht für die Volksschule genüge. Die verschiedene Bestimmung und Bedeutung, die man dem Volke zuwiese, würde vom Standpunkte der Reaktion und des Fortschritts aus sehr verschiedene Folgerungen ergeben, welche in verschiedener Beurtheilung der Bedürfnisse der Gegenwart, der Ansprüche der Zeit u. dgl. ihre weitre Grundlage fänden. Ganz entsprechend würden andre Urtheile, welche mit diesem in nothwendiger Korrelation stehen, divergiren. So die Ansichten über Ausbildung, Stellung, angemessenes Einkommen der Volksschullehrer u. s. w.

§. 2. Ist es nun als allgemeines Staatsprinzip festzuhalten, daß die Verfassung zur Wahrheit werden müsse, so darf auch die

Schulfrage nicht außer Zusammenhang mit den leitenden Ideen*) der ganzen Verfassung, sie muß von deren Standpunkte aus aufgefaßt werden. Da kann denn kaum zweifelhaft bleiben, welche Bedeutung dieselbe dem Volke, der Zeitkultur u. s. w. beilege. Sie würde einer von der Wurzel losgerissenen Pflanze gleichen, statuirte sie jene Bedeutung im Sinne der Reaktion. Ihr solche Grundauffassungen zumuthen, hieße, ihr Selbstvernichtung zumuthen.

§. 3. Handelte es sich bloß um formelle Entwicklung der gesetzlichen Normen im Sinne der Verfassung, so wäre diese rechtsgeübten Juristen allein zu überlassen. Aber die Intention des Gesetzes kommt vielfach mit dem wirklichen Leben in Konflikt. Das gesetzlich Normale muß seinen realen Bestand suchen auf der breiten Basis des thatsächlich Vorhandenen. Dort muß es sich in das Bestehende einreihen, muß sich den Rücksichten des Möglichen, Erreichbaren, des nach den Umständen Zweckmäßigen fügen. Diese Faktoren sind nur als Resultate praktischer Erfahrung zu ermitteln. Drum mag ein langjähriger Wirkungskreis im Volke und in der Schule wohl in den Stand setzen, den vielfachen Erwägungen, welche jenes so schwierige wie wichtige Gesetz erfordert, manche Erfahrungen zuzubringen, die eben nur in jener Stellung erworben werden können. Der noch so bescheidene Beitrag, den diese Schrift darzubieten vermag, würde schon nicht ohne Nutzen sein, könnte er dazu dienen, praktisch erfahrene Männer zu ähnlichen Beiträgen zu veranlassen. —

Ist es nun einestheils nöthig, die Verfassung fest im Auge zu behalten und ihre Intentionen zu möglichster Klarheit zu entwickeln, so möchten dieselben anderseits nach folgenden Grundsätzen auf dem Gebiete der thatsächlichen Verhältnisse auszuführen sein.

§. 4. Das neue Schulgesetz, wenn es sich auch nur auf die Neuerungen beschränkt, welche ohne Verletzung der Verfassung nicht umgangen werden können, greift so tief in das ganze Volksleben ein, berührt so vielfach dessen heiligste Interessen, daß eine ängstliche, zaudernde Behutsamkeit bei Aufstellung desselben wohl

*) Man könnte Bedenken hegen, allgemeiner zu sagen „im Geiste der Verfassung," da zu verschiedenen Zeiten verschiedene Geister auf diese eingewirkt haben. Die leitenden Ideen der Verfassung mußte man wol bestehen lassen, wollte man sie nicht selbst zum Unding machen.

erklärlich ist. Gewiß müßte jedes Hinausgehen über das Maß des von der Verfassung unzweifelhaft Geforderten durch die gewichtigsten Gründe motivirt werden. Im Ganzen muß es Grundsatz bleiben, an die bisherige Entwicklung der Schule sorgsam anzuknüpfen und das Bestehende, Gewohnte und durch Erfahrung Bewährte möglichst zu schonen. Muß schon jedes andre Gesetz, um festen Boden zu gewinnen, sich vor theoretisirender Neuerungssucht hüten, wie viel mehr dieses! —

§. 5. Beobachten wir aber auch diese Regel mit größter Vorsicht, so bleibt noch immer der schwierigste Theil der Aufgabe; nämlich die Bestimmungen, welche die Verfassung, als von äußern Verhältnissen bedingt, offen läßt. Bei dem sorgfältigsten Bemühen, jene Verhältnisse objektiv aufzufassen und unparteiisch zu würdigen, das Wünschenswerthe gegen das Erreichbare, das Zweckmäßige gegen das Bestehende abzugränzen, bleibt dabei dennoch Vieles dem subjektiven Ermessen überlassen. — Damit jedoch Willkürlichkeit möglichst ausgeschlossen bleibe, wird es nöthig sein, bei jeder Bestimmung sich vorher alle in Betracht kommenden Momente wohl zu vergegenwärtigen und darnach die Prinzipien festzustellen, die bei der Entscheidung leitend sein müssen. Es wird aber auch so noch vielfach dem subjektiven Ermessen überlassen bleiben, welches Gewicht man jedem jener Momente beilegen will, indem man sie gegen einander abwägt, und es bleibt am Ende nur etwa noch als einziger Anhalt das Zurückbeziehen auf analoge Fälle übrig. —

Zur Anknüpfung an das Bestehende wird zunächst ein kurzer Rückblick auf die bisherige Entwicklung der Preußischen Volksschule nöthig sein.

---

§. 6. Da dieser Rückblick nur bezweckt, auf die Zustände der Volksschule hinüberzuleiten, worin die erwartete gesetzliche Regelung sie vorfindet, so kann es sich hier nicht um eine pragmatisch historische Darstellung handeln. Eine solche möchte auch kaum möglich sein, da namentlich in den ersten Anfängen der Preuß. Volksschulen jeder Landestheil seine gesonderte Entwicklungsgeschichte erfordern würde. Gesondert würden sich alle diese Fäden bis in die neuere Zeit hinziehen und sich auch da noch kaum — nach Gründung der Seminare — nothdürftig in Einem

Gewebe einigen. Jene Urzustände, da der nothdürftigste Unterricht im Lesen, auch wohl Schreiben, sofern ihn die Kirche nicht aus ihren Stiftungen bestritt, von Handwerkern, welche die Jugend um ihre Werktische versammelten, als Nebengeschäft getrieben wurde; da dürftig fundirte Schulstellen auch wohl zur Versorgung der Invaliden dienten u. s. w.; diese Urzustände dauerten in einzelnen Landestheilen um so länger, als der niedre Kulturstand der Bevölkerung oder Unzulänglichkeit der Mittel sie als das vorläufig allein Erreichbare erscheinen ließ. Doch wandte die Regierung schon zeitig alle Aufmerksamkeit der Volksschule zu und benutzte die sich darbietenden kärglichen Mittel aufs Sorgfältigste. Es wurden Listen geführt, die über alle Einzelheiten Auskunft gaben, und es ward mehr und mehr auf regelmäßige Theilnahme aller Kinder am Unterrichte hingewirkt, um denselben außer dem Religionsunterrichte auch die nöthige Fertigkeit im Lesen, wenn möglich auch im Schreiben und Rechnen zu ertheilen. Preußen erkannte es früh, daß seine Machtentwicklung und Wohlfahrt in Verbreitung und Hebung der Intelligenz und Kultur des Volkes wurzeln müsse. Freilich ließen sich bei solcher Verschiedenheit der Zustände und dem Mißverhältnisse der Bedürfnisse und Mittel keine Normen des Unterrichtswesens für den ganzen Staat geben, und es mußte den einzelnen Regierungen überlassen bleiben, das Mögliche und Zweckmäßige anzuordnen. Dies hat zum Theil bis in die neueste Zeit so bleiben müssen, da jene Verschiedenheit sich nicht so bald ausgleichen ließ. —

§. 7. Eine Preußische Volksschule entwickelte sich eigentlich erst nach Stiftung der Seminare. Diese entstanden zum Theil Ende des vorigen Jahrhunderts, allerdings aus dürftigen Anfängen. Aber indem die Regierung mehr und mehr diesen Anstalten ihr Interesse zuwandte, ihre Mittel und Lehrkräfte allmälig vermehrte, ohne ihre freie Entwicklung durch kleinliches Eingreifen zu hemmen: so ergoß sich aus ihnen ein so lebenskräftiger Trieb in die Preußische Volksschule, daß diese wunderbar schnell über die der meisten andern Länder emporwuchs. Denn das in ihnen erweckte geistige Leben wirkte in der spätern Berufsthätigkeit der Lehrer fort. Ein erfreuliches Fortstreben bekundete sich in den Lehrer-Konferenzen und in einer immer reicher sich entfaltenden Schulliteratur. Neue der Beachtung werthe Lehrmethoden wurden mit einem durch Theorie und Praxis geübten Kennerblicke geprüft, auch das Gute älterer Schulmänner gewürdigt. Pestalozzi blieb in hohem Ansehn; die Lankaster'sche Methode wurde wegen ihrer mechanisirenden Richtung nur als Nothbehelf geschätzt. Sie entsprach nicht dem freien Aufschwunge des geistigen Lebens, wie sich solcher den Schulen mittheilen mußte, die dadurch zu wahren Bildungsanstalten wurden.

§. 8. Es war gewiß eine weise Maxime der Regierung, in dieser Weise die Schule sich zwanglos aus sich entwickeln zu lassen. Auch die Verwachsung derselben mit der Kirche that, wenigstens sofern die evangelische Kirche in Betracht kommt, ihrer freien Entwicklung keinen Eintrag; denn diese hatte damals selbst eine liberale Richtung, und die Prediger nahmen an jenem freien Aufschwunge der Schule einen freudigen und wohlwollenden Antheil. Aber in dieser innigen Verbindung konnte die Schule von den Zuständen der Kirche nicht unberührt bleiben. Die vorherrschend philosophische Richtung der Zeit war besonders seit Kant auch in diese eingedrungen und erwies sich in einer einseitig praktisch verständigen Methode des Religionsunterrichts, welche dem Gemüthe weniger als dem Verstande zu bieten schien. Daß aber die Entwicklung der Schule überhaupt zu sehr dem Idealismus jener Zeit gefolgt wäre, dazu war sie von Pestalozzi und ihm verwandten Pädagogen zu entschieden in die Bahn der Anschauung und Erfahrung gelenkt, und wenn sie bis zu einem gewissen Grade jener Richtung nachgab, so folgte sie darin der Natur jeder Kulturpflanze, die bei freiem Wachsthume grade das wird, was sie an ihrem Standorte unter den gegebenen Einflüssen werden kann. Wer, ohne es in seiner Gewalt zu haben, an jenem Standorte und jenen Einflüssen etwas zu ändern, sie durch rohen Zwang verbessern will, kann sie nur verstümmeln. In gleicher Freiheit wäre die Schule auch der mehr realistischen Richtung der Neuzeit gefolgt, um stets das gewähren zu können, was die Verfassung fordert: eine genügende (d. h. der Zeit angemessene) Jugendbildung.

§. 9. Dennoch schien es bedenklich, daß bei der Freiheit, die dem einzelnen Lehrer in seinem Wirken gelassen war, Alles von seinem Eifer und seiner Befähigung abhangen sollte. Viele vermochten sich in jenem thatkräftigen, frischen Streben in dem stets wiederkehrenden Mechanismus der Schule und unter der Last und den Sorgen ihres Standes nicht zu halten. Für sie schien es Bedürfniß, daß ihnen Gang, Maß und Ziel fest angewiesen würde, um dadurch genöthigt zu werden, wenigstens das ihrer Befähigung Erreichbare zu leisten. Theils diesem Bedürfnisse abzuhelfen, theils die als nothwendig vorgeschützte Umlenkung der Schule von jener idealen Richtung zu bewirken, war wenigstens der ostensible Zweck der bekannten Schul-Regulative. Jene Umlenkung geschah aber weniger in der realistischen Richtung der Zeit, welche die Reg. eben so wenig begünstigen, als in der positiv auktoritativen Richtung einer politischen und kirchlichen Partei, bezweckte somit stationäre Einschränkung.

Um aber zur Epoche jener Maßregelung hinüberzuleiten, möchte noch Folgendes in Betracht kommen.

§. 10. Es ist erwähnt, wie die evangelische Kirche bei ihrer frühern, liberalern Richtung der Entwicklung der Schule mit freundlicher Theilnahme nur fördernd zur Seite stand. Kaum mochte damals ein Lehrer einen störenden Einfluß derselben drückend finden und sich von ihm zu emanzipiren wünschen. Anders stellte sich das Verhältniß, als unter Eichhorn's Verwaltung die Kirche allmälig in eine exklusive, streng konfessionelle Richtung einlenkte. Es konnte nicht fehlen, daß sie bald auf die Schule, welche sich bereits zu einer bewußten Selbständigkeit entwickelt hatte, die jener Richtung widerstand, einen Druck ausübte, den die Lehrer bitter empfanden. Um so empfindlicher wurde dieser Druck, da jene kirchliche Richtung das Bestreben nicht verhehlte, den Lehrerstand in seine uralte demüthige Stellung zurückzudrängen. — Es kam noch ein andrer Umstand dazu, die Mißstimmung der Lehrer zu erhöhen. Es ist natürlich, daß ein Mann, der dem Gemeinwesen dient, erwartet, daß Stellung und Anerkennung mit seiner Befähigung, so wie mit der Art und Wichtigkeit der geleisteten Dienste in angemessenem Verhältnisse stehe. Es ist daher nicht befremdend, daß die Lehrer, deren Selbstgefühl bei gesteigerter Bildung und Leistung wachsen mußte, das Kärgliche und Abhängige ihrer meist unverändert gebliebenen, ja oft durch Theilung der Stellen noch verschlimmerten Lage bitter empfanden. So kam das Jahr 1848, welches allen begründeten und unbegründeten Beschwerden Sprache und Ausdruck gab. Natürlich, daß die Lehrer die Verheißungen, die es namentlich der Schule zulächelte, freudig begrüßten! Unter den von ihnen ausgesprochenen Wünschen traten überall die der Emanzipation von der Kirche und eines auskömmlichen Gehalts in den Vordergrund. Man that dem Lehrerstande Unrecht, wenn man ihm darum eine prinzipielle Hinneigung zur Demokratie zur Last legte. Man wird überall finden, daß, wo die Lehrer zu Berathungen zusammentraten, sie sich meist auf Ausdruck jener beiden ihnen so nahe liegenden Wünsche beschränkten. Wo sich einzelne Individuen weiter verirrten, folgten sie dem Zuge enthusiastischer Naturen, die einem Prinzipe, welches ihnen eine lockende Seite zukehrt, leicht blindlings im Ganzen zuschwören.

Wie nun die später eintretende Reaktion, statt billigen Forderungen gerecht zu werden, sie als revolutionär brandmarkte und niederdrückte, so wurde das noch so bescheidene und gehaltene Auftreten des Lehrerstandes in jener Zeit als revolutionärer Geist gedeutet. Es war nun ganz der Ansichtsweise jener Reaktion gemäß, in dem freien, geistigen Emporstreben der Schule die Quelle jenes vermeintlichen Uebels zu erblicken, und es geziemte ihr, wie jener engherzige Geizhals zu handeln, der den frei und kräftig entwickelten Fruchtbaum zum Zwergbaume einstutzte, damit seine schöne reichliche Frucht nicht in die Ferne leuchte und Diebe anlocke — dabei freilich übersehend, daß der verbuttete Zwergbaum sich denselben erst recht handgerecht darbieten würde.

---

§. 11. „Die drei Preußischen Regulative über Einrichtung des evangelischen Seminar-, Präparanden- und Elementarschul-Unterrichts, zusammengestellt von F. Stiehl, Berlin 1854", unternahmen zuerst die schwierige Aufgabe, in die mannigfaltigen freiheitsfrohen Entwicklungen der Preuß. Schule Einheit und Regel zu bringen. Da sie sich den Standpunkt der evangelischen Kirche zueignen, würden sie hier kaum in Betracht kommen, wenn sie nicht als Ministerial-Verfügungen rücksichtlich ihres Verhältnisses zur Verfassung zu prüfen wären. Nur sie aus diesem Gesichtspunkte zu prüfen und ihnen ihre Stellung in der Entwicklungsgeschichte der Preuß. Schule anzuweisen, nicht aber eine eingehende Kritik, kann hier Zweck sein.

§. 12. Wenn die Reg. selbst durchgebildeten Schulmännern zum Theil unbestimmt und unverständlich erscheinen, so sucht man den Grund davon zuerst in der Schwierigkeit der Aufgabe, die gegebenen so verschiedenartigen Entwicklungen des Schulwesens zusammenzufassen, so verschiedenen Anforderungen zu genügen. Es konnte das Erstere auf zweierlei Weise geschehen: entweder indem man jenen Entwicklungen eine feste Bahn anwies, ohne sie zu hemmen, oder indem man sie in die Enge zog und sie allseitig umgränzte. Die Regulative haben den letztern Weg gewählt; sie haben sich nicht begnügt, dem Strome ein gesichertes Bett anzuweisen, damit er innerhalb seiner fest gezogenen Ufer frei und kräftig den vorgezeichneten Zwecken diene; sie suchen auch seinen Fortschritt zu umdämmen, ohne die daraus erwachsende doppelte Gefahr zu fürchten, die der Versumpfung, oder des regellosen Durchbruchs.

§. 13. Man kann daher nicht sagen, daß die Regulative von der goldenen Regel geleitet würden: Non multa, sed multum! Jene Vorliebe für massigen Memorirstoff kehrt diese Regel vielmehr geradezu um. Dagegen ist das Bestreben sichtbar, Seminar- wie Schulunterricht zu einem festen Abschlusse zu bringen, durch das Einüben fertiger Resultate jede selbstständige Fortentwicklung abzuschneiden. Es ist dabei nicht erwogen, daß die Volksschule nicht als etwas in sich Abgeschlossenes betrachtet werden darf, was Ziel und Vollendung schon in seiner eigenen Sphäre fände. Sie ist eine Vorbereitung zu Leben und Beruf. Ihre Aussaat soll in diesem erst Wachsthum und Reife erlangen. Die Schule kann diese Fortbildung nur einleiten; sie muß Sinn und selbstständige Kraft dazu geben.

§. 14. Die Bahnen des Lebens und Berufs mehren sich und dehnen sich weiter aus mit fortschreitender Kultur; desto mannichfaltiger wird die Aufgabe der Schule. Wie man nun jeder andern Fachentwicklung (z. B. der Medizin, Technik, Agrikultur u. s. w.) Freiheit und Mittel gewährt, dem Zeitbedürfnisse gemäß fortzuschreiten, so muß auch die Entwicklung der Schule jener wachsenden Aufgabe aus sich heraus folgen. Die Träger jener Entwicklungen sind die Fachmänner — hier die Lehrer. Wie sollen diese aber dazu genügen, wenn die Seminarbildung sich fast darauf beschränkt, ihnen durch die Uebungsschule eine gewisse Routine anzudressiren? Wenn ihnen Alles vorenthalten wird, was ihren Gesichtskreis erweitern, was ihnen Trieb und Selbstständigkeit geben könnte, sich in ihrem Berufe fortzubilden? Denn was dazu den Blick erleuchtet und schärft, was den Fortschritt auf sichre Prinzipien gründet, ist doch die Wissenschaft, und die wissenschaftliche Behandlung des Seminarunterrichts ist von den Regulativen als überflüssig beseitigt. Sonst fordert man von denen, die sich einem auf geistige Thätigkeit gerichteten Berufe widmen, vor Allem eine weite wissenschaftliche Vorbildung und traut ihnen zu, daß sie sich darnach im Praktischen bald zurecht finden werden. Im breiten Tageslichte findet man sich ja auch wohl in seinen vier Pfählen zurecht, besser, als wenn ein dürftiges Lämpchen bloß das beleuchtet, was man eben unter der Hand hat. Und wie seltsam muß ein Volkslehrer, dem die klassische Literatur zu hoch gelegt wird, sich ausnehmen in einer Zeit, da das Schillerfest als Volksfest gefeiert wird! —

§. 15. Mehr noch als das „Zu wenig" dessen, was zur Ausbildung des Lehrers hinreichen soll, dürfte diese Beschränkung des Gesichtskreises, welche zugleich Sinn und Trieb zum Weiterstreben abschneidet, schädlich wirken. Was oben von der Volksschule gesagt ist (§. 13), daß sie nicht als etwas Abgeschlossenes betrachtet werden dürfe, was Ziel und Vollendung schon in seiner eignen Sphäre fände, das muß entsprechend noch mehr von den Seminaren gelten. Den dürftig vorbereiteten Zöglingen können sie in so kurzer Zeit nicht die Bildung geben, die heutiges Tages genügte. Aber sie können auf geistige Bahnen lenken, geistige Ziele vorhalten und ein Interesse erwecken für Erweiterung der Kenntnisse, Trieb zu regem Fortstreben, ohne welchen die Wirksamkeit des Lehrers zum Handwerksmäßigen herabsinken muß.

Noch eins ist zu beherzigen.

Es ist eine bekannte Erfahrung, daß Männer, welche ihr Wirkungskreis in die Sphäre des gemeinen Volks verweis't, stets in Gefahr sind, zu dessen Niveau herabzusinken, wenn nicht ein fortstrebendes Interesse für Kunst oder Wissenschaft sie über dem Gemeinen emporhält. Wenn selbst manchen (klassisch gebildeten) Land-Pastoren nachgesagt wird, daß sie „verbauren": wie soll es der von klassischer Literatur und Wissenschaft fern gehaltene, also auch aus dem Kreise der Gebildeten geächtete Volkslehrer nur anfangen, daß er n i c h t verbaure?! —

Die Regulative entsprechen sonach keineswegs der auf zeitgemäße Hebung der Volksschule gerichteten Intention der Verfassung. Vielmehr sind sie aus der dieser prinzipiell entgegenstrebenden reaktionären Richtung hervorgegangen, wie sich aus dem Folgenden ergeben wird.

§. 16. Die dunkle Vieldeutigkeit der Regulative kann nach Obigem ihren Grund nicht in dem Bemühen haben, nach der Maxime einer weisen Gesetzgebung in ein gegebenes Mannigfaltige, ohne unrechtmäßige Beschränkung, Einheit und Regel zu bringen. In Widerspruch gegen jene Maxime die bisherigen Entwicklungen schlicht ablehnend, bilden sie sich ihre eigene abgeschlossene Sphäre, und da, sollte man denken, könnte es nicht schwer sein, das eng und scharf Begränzte deutlich zu bezeichnen.

Der wahre Grund jener Vieldeutigkeit möchte zum Theil in der Eigenthümlichkeit ihrer wirklichen Aufgabe liegen.

Die Regulative konnten sich einestheils der Anforderung nicht entziehen, als eine Fortentwicklung der in so hoher Achtung stehenden Preuß. Schule zu erscheinen; anderntheils mußten sie den Intentionen des Raumerschen Ministeriums genügen, die — aus theils angedeuteten, theils aus sonst bekannten Gründen — auf eine Umkehr hindrängten. Es war nun die schwierige Aufgabe, Beides zu vermitteln, diese Umkehr an die bisherige Entwicklung der Schule so anzuknüpfen, daß sie als Fortschritt erschiene. Hieraus erklärt sich der seltsame Widerspruch zwischen theoretischer Ankündigung und praktischer Ausführung, zwischen ostensiblem Zwecke und dem wirklichen Austrage*). Wir stehen vor einem pomphaften Portale; Inschriften, von ächt Pestalozzischem Geiste getragen leuchten uns vielverheißend entgegen, als: „Kein Kind soll in irgend einem Stücke unterrichtet werden, welches nicht demnächst auch zur Uebung und zur selbstständigen Darstellung käme" u. dergl. Wir treten erwartungsvoll ein und — es umschränkt uns ein von Welt und Leben abgeschiedener, beengter Raum, in dessen alterthümlichen, dunklen Zellen für Lehrer und Schüler die Klosterregel gilt: „Nicht viel denken, nicht selbstständig urtheilen — nur nachbeten und sich dressiren lassen!" — Das die Raumer'sche Schule der Umkehr! —

§. 17. Daß jene Umkehr eine bewußte war, sprechen die Regulative S. 63 offen genug aus: „Die Elementarschule war „der geistigen Richtung des Jahrhunderts, von welcher sie ihre „größere Ausbreitung und ihre Neugestaltung empfangen, gefolgt.

---

*) Vielleicht auch eine nicht seltene Komplikation allgemeiner und fließender Bestimmungen, die das Resultat in der Schwebe lassen.

„Wie aber das gesammte Leben des Zeitalters an einer Gränz-„linie angekommen ist, wo ein entscheidender Umschwung nöthig „und wirklich geworden; so muß die Schule, wenn sie nicht in „Festhaltung eines überwundenen Gegensatzes wirkungslos werden „und untergehen soll, in die berechtigte neue Bewegung Leben „empfangend und fördernd eintreten."

Daß die reaktionäre Partei sich in ihrem Triumpfe vermaß, das Zeitalter zu repräsentiren, war ihr zu gönnen. Man hätte ruhig abwarten mögen, bis dieser Wahn zugleich mit der Macht zerstob. Aber ernstes Bedenken giebt ihre Anmaßung, sich für allein berechtigt zu halten, für berechtigt, was nur die Jetztzeit geistig Lebensfähiges erzeugt, in der Geburt zu ersticken, um dafür die Welt anzufüllen mit den Mumien und Revenans längst entseelter Existenzen. Und jener Wahn mit seinem berechtigten Unrecht gebehrdet sich als — Religion. Wahrlich, nicht die Zeit braucht ihn zu richten: er richtet sich selbst durch — seine sittliche Zerfahrenheit. Denn dieser Wahn konnte die Welt nicht zugleich zwingen, Gesetzlosigkeit, Gewaltthaten, Ränke für — Religion zu halten. Noch kann er sie jetzt überreden, daß sich Frömmigkeit bekunde in Anfeindung der Regierung, weil sie rechtlich, weil sie gewissenhaft das Gesetz erfüllt, wissen will, welches von Fürst, Beamten und Volk beschworen worden ist. Ist es so weit mit der Religion gekommen, daß sie alle sittlichen Begriffe verwirrt, daß sie das Unrecht offen als Recht verficht: dann beurtheile man glimpflicher jene Desperados der Neuzeit, welche sie als ein Grundübel der Menschheit aus der Welt verbannen möchten! Richtiger hätten sie auf die Grundlüge einer Partei zurückgeschlossen. Die Frucht weist auf den Stamm, der Stamm auf die Wurzel zurück. Welches ist diese Wurzel, jene Grundlüge? Daß man aus interessirter Vorliebe für ein vergangenes Zeitalter dasselbe in das gegenwärtige hineinfälschet. Sei auch die Wahrheit an sich ewig dieselbe: jedes Jahrhundert hat seinen Sinn, womit es sie begreift, hat seine Moralität, seine Religion, die sich an diese Wahrheit, seine Wahrheit, anlehnt. Wer ihm jenen Sinn trübt, verfälscht mit der Wahrheit des Jahrhunderts zugleich seine Sittlichkeit und kann die in ihm allein lebensfähige Religion nur durch ein Trugbild ersetzen. Drum Wehe jener Gränzlinie, wovon die Reg. sprechen! Ist sie die Schwelle zum Soliden, Stabilen?

Nein, in unsrer Zeit ist sie die Schwelle — zum Reiche der Phantome — zur Auflösung.

§. 18. Aber die Reg. wenden sich mit ihrem Evangelium der Umkehr nicht an die im trotzigen Selbstgefühle widerstrebende mündige Welt; sie wenden sich an die fügsame, bildsame Kinderwelt. Dort im abgeschiedenen Asyl der Schule soll jene heilsame Umkehr zur kernigen, treugläubigen Beschränkung der Vorzeit ihren Angelpunkt finden; dort soll sie nicht durch Gewaltthat erzwungen; sondern durch liebewarme Gewöhnung eingeleitet werden. Und wer verweilte nicht gern bei dem Bilde jener alten Schule, welches, wie jede Ferne, die Phantasie sich so schön ausmalt! Bei dem Walten des beschränkten, aber treuherzigen, starkgläubigen Schulmeisters! Ihm gegenüber die Kinder, seine Kinder, die nur mit frommer Einfalt hinzunehmen wissen; denen schon ein flüchtiger Zweifel, ja ein bloßes Forschen und Fragen als Sünde erscheinen würde! Und er, ihr Lehrer, ihr Vater, in seiner geistigen und leiblichen Armuth, gering geachtet und vernachlässigt von der Welt, steht darum seinen Kindern nur um so näher, er der Demüthige den Demüthigen, der Einfältige den Einfältigen, der beschränkt Gläubige den Gläubigen. — Das ist der Lehrer, die Schule nach dem Herzen der Regulative! Das ist das Ideal ihrer Familienschule von etwa 80 Kindern jeden Alters*); denn einklassig muß sie sein**), damit sie mehr der Familie ähnele. Kann sie sich in solchem Durcheinander nicht eben im Denken und Leisten hervorthun — desto besser! Sie wird dafür empfangen und desto sicherer an der Stange bleiben. Dazwischen der Lehrer als Familienvater, beschränkt in seinem Geistigen — dafür ist durch's Anlernen gesorgt — beschränkt in seinem Leiblichen — denn wie könnte der Hausvater einer Familienschule von 80 Kindern

---

*) Das Ideal! Aber jene streitenden Ansprüche halten sie schwankend, so daß man oft nicht begreift, wie die Armuth zu solchem Reichthume kommt.

**) Daß das dritte Regulativ nicht nur für die noch bestehenden einklassigen Volsschulen bestimmt sei, geht schon aus der bekannten Thatsache hervor, daß es auch in den mehrklassigen überall zur Geltung gebracht ist. Daß vielmehr die einklassige Schule das erstrebte Ideal sei, wird S. 62 offen ausgesprochen (bei Neubauten soll nur auf solche Rücksicht genommen — wo die Kinderzahl zu groß wird, sind nur bis zur Anstellung eines zweiten Lehrers zwei Abtheilungen ausnahmsweise zu gestatten). — Die Verwirklichung dieses Ideals mußte nun freilich selbst den eifrigsten Freunden der Reg. impraktikabel erscheinen.

große Ansprüche machen! Daher auch demüthig, in „Selbstverleugnung und um Gottes willen“ sich der Jugend annehmend (Reg. S. 48), voll Entsagung in Ansprüchen, in Lebensgenuß und — im Denken.

§. 19. Aber da macht wieder das „Zeitalter“ eine fatale Schwierigkeit. Wird es uns solche Lehrer liefern? Solche Heilige nach dem Herzen St. Bernhard's, mit dem Wahlspruche: „Spernere mundum, spernere te ipsum, spernere sperni?“ —

Was hilft es, daß die Reg. es ihren Zöglingen gerade heraussagen, der letzte Zweck des Seminar-Unterrichts sei nicht, daß sie lernten, sondern daß sie ihrem Berufe gemäß herangebildet würden (Reg. S. 8)? Sie gewinnen damit unsrer Zeit jene Heiligen nicht ab; sie gewinnen nur — Heuchler. Denn sicher erzieht der, welcher zum ostensiblen Zwecke einer Anstalt nicht Kenntnisse, sondern eine Lebensrichtung macht, nur — Heuchler.*)

§. 20. Und — wehe, die Bedenken mehren sich! — Wie wird man die Kinder vor jenem „Zeitalter“ bewahren, da man sie doch nicht klösterlich einmauern kann? Wird sie nicht schon, wenn sie noch zwischen Schule und Haus wandeln, in diesem ein ganz andrer Geist umwehen, als in jener? Und da sich dem Vaterhause das Kinderherz doch immer noch weiter öffnet, als der Schule: könnte der hier ausgestreute Samen nicht leicht wieder verwehen, oder gar etwas ganz Anderes erzeugen, als was erzielt war? — Aber gehe diese Gefahr glücklich vorüber! Das Kind entwächst der Schule, kann sich den Strömungen der Zeit nicht mehr entziehen; es hat aber nicht gelernt, in diesen Strömungen das Steuer fest und selbständig zu führen: werden sie es nicht um so leichter auf Klippen und Sandbänke werfen? — Es hat gelernt, in Einfalt zu ignoriren; aber entflieht der Strauß dadurch seinen Feinden, daß er sein Haupt im Sande verbirgt? —

§. 21. Ueber den Religionsunterricht der Reg. insbesondere ließe sich in dieser Beziehung noch Vieles sagen. Ein gehaltloser Begriff, vor dem sie so sehr zurückscheuen, ist noch lange nicht so schädlich, als ein gehaltloser Gefühlsausdruck, für den das Kind

*) Kein Wunder, wenn sich selbst regulativfreundliche Seminarlehrer über das Zunehmen der Heuchelei auf den Seminaren beklagen! —

nach seinen geringen Lebenserfahrungen keine Wahrheit in sich finden kann; denn er führt zu Selbsttäuschung und Heuchelei.

Was aber wird die angelernte, von der Zeitbildung entlegene Religiosität? Entweder sie coordinirt sich derselben und wird — Maulchristenthum; oder sie opponirt sich ihr und wird — Pharisäerthum; oder sie unterwirft sich und wird — Irreligion. —

So hat denn auch im Bereiche der Volksschule jene Grundlüge, jenes Hineinfälschen abgestorbener Existenzen in die Gegenwart, dieselbe, Religion und Sittlichkeit unterhöhlende Wirkung, bei Lehrern wie bei Schülern (§. 17).

§. 22. Doch es ist eine innere Angelegenheit der evangelischen Kirche, ihren Religionsunterricht zu leiten. Sie hat darüber zu entscheiden, ob es ihrer Sendung mehr entspreche, durch die ängstliche Gränzwacht des Konfessionalismus ihr Gebiet zu sichern, als vielmehr ein wahres Vertrauen in die Göttlichkeit des Evangeliums dadurch zu bethätigen, daß sie auf dessen Kraft bauet, jede Individualität, jedes Lebensalter, jede Zeitbildung zu durchleuchten und mit freiem Schöpfungsgeiste zu beleben*); ob es ihr daher gezieme, auf dem Frachtwagen des Gedächtnisses den passiven Glauben in die Kinderseele einzuspeichern, oder ob es ihrem Berufe nicht gemäßer sei, diese im Lichte des Evange-

*) Und sie wird, sie muß zur richtigen Würdigung ihrer Sendung zurückkehren. Das Prinzip freier Entwickelung auf dem Grunde des Evangeliums hat sie von der katholischen Kirche geschieden; auf ihm, nicht auf ihren Symbolen, beruht ihre wahre Berechtigung. Fällt sie von jenem Prinzipe ab, muß sie konsequent in diese zurücksinken. Müßte sie ihre Stärke suchen in traditioneller Stabilität, so würde sie der katholischen Kirche gegenüber eine traurige Rolle spielen, da sie deren feste Organisation doch nie erreichen kann. Dies Gefühl spricht sich deutlich aus in dem Streben der streng lutherischen Richtung, hier ein Stück Ohrenbeichte, da ein Stück Messe, dort ein Stück Priesterweihe an sich zu reißen. Hat sich denn darum die evang. Kirche von der kathol. losgelöst, um hinterher bei ihr — betteln zu gehen! — In der starren, Solidität versprechenden Schale verschwindet ihr Kern; was man als ihre Stärke preist, wird ihre Schwäche. Auch dies Bewußtsein bekundet sich in dem Jammer über das Zugeständniß verfassungsmäßiger Freiheiten an abweichende Ueberzeugungen, als ob diese Freiheit die Existenz der evang. Kirche bedrohe! — Gewiß, man muß zu der Einsicht kommen, daß die evang. Kirche ihre Stärke nicht zu suchen habe in der Form, sondern im Wesen, Kraft und Geist des Evangeliums. So nur bietet sie auch heute noch Raum für Alle und braucht sich gegen Fortschritt und Bildung der Zeit nicht feindselig abzuschließen. So nur wird sie fortfahren, Preußen als Intelligenzstaat und Preußens Schule als Musterschule emporzutragen.

geliums einer freien, selbständigen religiösen Ueberzeugung entgegenzuführen. Es ist dies eine innere Angelegenheit der evangelischen Kirche, welcher nach Art. 24 der Verf. die Leitung ihres Religionsunterrichts zusteht. Aber indem die Prediger exclusiver Richtung das Ministerium Raumer mit ihren Dank-Adressen für die Regulative überschütteten, dachten sie, nur der Tendenz derselben zujauchzend, wenig daran, wie sehr jene dieser Gerechtsame ihrer Kirche zu nahe traten. Ein Interimistikum war hier nicht gerechtfertigt; denn die evangelische Kirche hatte ihre Organisation. Aber im Partei-Interesse gab man Preis, was man am sorgsamsten hätte bewachen sollen — die Autonomie der Kirche.

Nimmt man dazu, daß nach Art. 112. der Verfassung bis zu Erlaß des in Art. 26. vorgesehenen Gesetzes hinsichtlich des Schul- und Unterrichtswesens es bei den damals geltenden gesetzlichen Bestimmungen bewenden sollte, so scheinen die über das Fortbestehen der Regulative erhobenen Bedenken wohl der Beachtung werth.

Zu noch größeren Bedenken aber berechtigt die Prinziplosigkeit, über jeden Eulenspiegelstreich der Reaktion so viel Lärm zu machen, dagegen ihr die Wurzel des ganzen Volkslebens — die Schule — gleichgültig Preis zu geben.

---

§. 23. So war denn die Volksschule gleich dem jungen Manne, der von Akademien und Reisen zurückkehrt, geschickt und welterfahren, voll feurigen Eifers und Strebens für seinen Beruf — da empfängt ihn der Stiefvater an der Schwelle des Hauses und findet, damit er nicht Schaden nehme, noch Schaden gebe, keinen Beruf für ihn angemessener, als den — des Mönchs.

Das ist hart!

„Aber man weiß ja nicht, daß der Sohn es anders meint."

Bittre Ironie! Noch hat der Stiefvater die Ruthe, und er liebt nicht, daß der Sohn viel meine.*)

---

*) Und jenes Verkümmern und Demoralisiren des Lehrerstandes ist die schlimmste Wirkung der Regulative; denn sie macht die Zukunft der Preuß. Schule — hoffnungslos. Sogar schlimmer noch, als der viel gerügte, massige Memorirstoff! Ein geistig geweckter Lehrer bringt auch in das Massige noch Geist, wogegen der bornirte selbst das Geistige zur Masse verduselt. Aber jenes Memorirwesen, als das unmittelbar Empfundene, hat den Widerwillen gegen die Regulative allgemeiner gemacht. Es ist dasselbe nur der Ausdruck einer rohen Behandlung der Religion,

§. 24. Da die Regulative sich gegen den bisherigen Entwickelungsgang der Schule nur ablehnend verhalten, treten sie mit demselben in keinerlei pragmatischen Zusammenhang. Sie sind vielmehr der entschiedene Ausdruck eines isolirten, reaktionären Standpunktes. Als solcher, der durch die Verfassung vertretenen neuen Ordnung prinzipiell feindlich, lassen sie sich auch durch Milderungen, Erweiterungen u. s. w. derselben nicht annähern. Denn an ihrem Prinzipe, welches man das Prinzip der einschulenden Zucht nennen könnte, läßt sich doch nichts ändern, ohne sie selbst aufzuheben.

---

welche derselben mehr geschadet hat, als irgend eine freigeistige Richtung. Man glaubt sie zu forciren durch die Masse und macht sie vulgär. Man giebt sie ein wie ein Zaubermittel, in einer dem Kindesalter und der Zeitbildung fremdartigen, abstrusen Form; bietet sie dar als einen fertig geschnitzten Götzen, und wird aus lauter Ueberchristlichkeit — heidnisch. —

Man glaube nicht etwa, daß das, was im Abgeordneten-Hause und sonst über jenes Memorirwesen gesagt ist, übertrieben sei. Es bleibt zum Theil noch hinter der Wahrheit zurück. Noch gestern schütteten zwei brave Lehrer dem Verfasser darüber ihr Herz aus. Ihr frommer Schulinspektor hatte ihrer Schule aufgegeben: 48 Gesänge (die Konfirmanden brachten's bis über 90); über 100 biblische Geschichten für Einen Jahres-Kursus (in jedem folgenden Jahre von vorn durchzupeitschen); 20 Psalmen; den lutherischen Katechismus; eine große Masse Fragen, Antworten, Sprüche aus dem Barmer Katechismus; Wochensprüche auf 6 Jahre u. s. w. Und welche Auswahl!! denn das Einzelne war vorgeschrieben. Der Unterricht verschwand daneben bis auf ein Geringes. Man möge sich das Gefühl der Lehrer vorstellen, wenn sie nach Schulschluß immer noch eine Parthie Kinder zurückbehalten müssen, um den Widerstrebenden die unverdauliche Speise einzunudeln. -- Kann man so etwas mit Gleichmuth niederschreiben? Wenn Lessing sagt: „Wer über gewisse Dinge den Verstand nicht verliert, der hat keinen zu verlieren," so mag man mit noch größerm Rechte beifügen: „Wem bei gewissen Erscheinungen unsrer Zeit das Gemüth nicht überwallt, der — hat kein Gemüth."

Der Verfasser erfährt nachträglich, daß dennoch Lehrer der Umgegend sich ermannt haben, eine Petition gegen die Regulative an die zweite Kammer zu richten, welche — sprechend genug! -- selbst von pietistischen Lehrern unterzeichnet ist. Auch diese wollen doch auch lehren und nicht — martern.

Erstes Kapitel.

„Art. 21. Für die Bildung der Jugend soll durch öf-„fentliche Schulen genügend gesorgt werden.

„Aeltern und deren Stellvertreter dürfen ihre Kinder „oder Pflegebefohlenen nicht ohne den Unterricht lassen, welcher „für die öffentlichen Volksschulen vorgeschrieben ist.

§. 25. Der erste Absatz des Art. 21. verheißt eine genügende Sorge für die Bildung der Jugend durch öffentliche Schulen überhaupt. Im Folgenden wird in Verbindung mit der Volksschule nur des vorgeschriebenen Unterrichts erwähnt. Man könnte fragen: Sind unter jenen öffentlichen Schulen, durch welche für Bildung der Jugend gesorgt werden soll, die Volksschulen mit begriffen, wie es deren Erwähnung in demselben Artikel vermuthen läßt? Wird auch diesen nicht nur Unterricht, sondern auch Bildung der Jugend als Aufgabe gestellt? —

Daß diese Frage einige Bedeutung hat, wird durch folgende Veranschaulichung fühlbarer. Wenn die Nordamerikanischen Freistaaten ihren Sklaven einen „genügenden Unterricht" gesetzlich zusicherten, so würden wir dies angemessen finden. Es würde uns aber als Inkongruenz erscheinen, wenn sie denselben eine „genügende Bildung" bestimmten; denn Bildung bethätigt sich in einer geistigen Selbständigkeit, in einer freien Selbstbestimmung, die mit Sklaverei unverträglich ist. — Stellen wir hiermit in Kontrast die Stellung, welche die Staatsverfassung jedem Staatsbürger anweist, so kann es kaum zweifelhaft sein, daß diesem die

Volksschule auch die nöthige Bildung geben soll, jener Stellung zu genügen. Indem sie nicht nur seine Menschenwürde und Menschenrechte in Schutz nimmt (Art. 4—12. Art. 86—89. 96), sondern ihm auch wichtige staatsbürgerliche Rechte und Pflichten (Art. 29—36), ja sogar eine thätige Betheiligung an den wichtigsten Staats-Interessen zuweiset (Art. 70—75. 94. 105), so setzt sie damit voraus, daß ihm die bewußte sittliche Selbständigkeit, d. h. die genügende Bildung, nicht abgehe, welche zu solchen Pflichten und Rechten befähigt.

Man kann sich die Aufgabe des Volksunterrichts auf zweierlei Weise denken. Entweder er bezweckt bloß, ein gewisses Maß von Kenntnissen und Fertigkeiten beizubringen und übrigens eine herkömmliche, auktoritätsgefügige Denkungsart einzuüben — und das war ungefähr seine Aufgabe in früheren Zeiten —, oder er kann sich die freie Entwicklung aller geistigen und sittlichen Kräfte des Menschen zum letzten Zwecke setzen, und nur diese Bildung, die sich selbständig in freier Ueberzeugung und sittlich freier Selbstbestimmung bethätigt, kann die Verfassung wollen. Ohne dieselbe könnten die verliehenen staatsbürgerlichen Rechte nur zum Uebel gereichen, da sie beständig fremdartigen, unrechtmäßigen Einflüssen preisgegeben wären.

So müssen wir denn annehmen (§. 21), daß auch die Volksschule zu den öffentlichen Schulen gehöre, die in jenem Sinne eine genügende Bildung der Jugend erzielen sollen.

§. 26. Es ist nun jeder reaktionären Verwaltung in Staat und Kirche eigenthümlich, Alles, selbst die Gedanken der Untergebenen, wenn's möglich wäre, kleinlich maßregeln und ängstlich beherrschen zu wollen. Natürlich, daß sie in das Gebiet der geistigen Entwicklung überall mit roher Hand eingreift und den bildenden Unterricht (der nicht fertige Gedanken zu übertragen, sondern eigene Gedanken zu wecken hat) vernichtet, indem sie ihm die unentbehrliche Freiheit nimmt. Sie gleicht einem Gärtner, dem es nicht genügt, durch angemessene Pflege jede Pflanze zu der ihrer Eigenthümlichkeit entsprechenden vollkommensten Entwicklung zu bringen; der vielmehr jede ihres natürlichen Triebes und Schmuckes beraubt, um ihr nach Vorschrift gemachte Blüthen und Früchte anzuhängen, mag sie nun widrig und verkrüppelt damit fortheucheln, oder die aufgedrungenen, nicht aus Kraft und Saft ihres Lebens hervorgegangenen abgemodert fallen lassen.

§. 27. Das Schulgesetz wird daher nicht ohne jede Bestimmung bleiben dürfen, was unter genügender Jugendbildung zu verstehen sei, und die Wege bahnen müssen, auf welchen diese zu erreichen ist; denn es kann nicht gerade da jede Garantie versagen, wo es sich um die eigentliche Zweckerfüllung handelt. Dasselbe muß wenigstens im Allgemeinen Mittel und Ziel sichern, da neuere Erfahrungen nur zu sehr gezeigt haben, wie eine von Parteirücksichten geleitete Verwaltung wohl geeignet ist, Beides zu verrücken.

§. 28. Dagegen darf das Gesetz nicht in denselben Fehler verfallen, den es abwehren will. Es muß die rechtmäßige Entwicklung der Schule frei lassen (§. 8); darf daher nicht feste Normen über Methode des Unterrichts vorschreiben wollen. Soll der Unterricht nicht zur Dressur herabsinken, muß die Person des Lehrenden wie des Lernenden geachtet werden.

---

§. 29. Das Gesetz hat also zunächst die Mittel des Unterrichts zu berücksichtigen.

Obgleich prinzipiell Gleichberechtigung aller Staatsbürger anerkennend, kann man das Maß der „genügenden Sorge" für die Jugendbildung nicht aller Orten als ein gleiches ansprechen; denn man kann nicht über das Mögliche hinaus. Dieses ist bedingt durch Mittel, Kulturzustand, unmittelbares Bedürfniß. Wollte man die vorhandenen Entwicklungsstufen der Schule nivelliren, so könnte man nur nach Art der Regulative verfahren: das Vorgerückte müßte man zurückdrängen, die freie Fortentwicklung abschneiden, das ganze Schulwesen mit festen, engen Schranken umgränzen. Schwerlich würde aber so für Bildung der Jugend genügend, d. h. den Erfordernissen der fortschreitenden Zeitkultur gemäß gesorgt werden. Auch deutet die Verf. Art. 25 ausdrücklich auf eine Erweiterung der öffentl. Volksschule hin.

§. 30. Nothwendig ist daher Klassificirung der Volksschule. Eine höhere Entwicklung derselben ist in der That schon in manchen städtischen und Bürgerschulen ins Leben getreten, die sechs und mehr Klassen Morgens und Nachmittags unterrichten und unmöglich gleich rangiren können mit ein- bis dreiklassigen ländlichen Halbschulen, wo die Kinder erst noch Hochdeutsch lernen müssen. Es ist daher keine willkürliche Neuerung, sondern nur das Zurückbringen des bereits Bestehenden unter den Maßstab desselben Gesetzes, wenn man eine Eintheilung der Volksschule in eine höhere und niedere statuirt. In jener Klassificirung über das Nothwendige hinauszugehen, hieße schon der Willkür Spielraum geben und verstieße gegen die Regel, daß das neue Gesetz nicht ohne Noth über das Maß des Bestehenden und durch das Bedürfniß Hervorgerufenen hinausgehen muß (§. 4.). Jene Eintheilung bedingt eine entsprechende Eintheilung in Volkslehrer erster und zweiter Klasse, und diese wiederum eine verschiedene Stufe der Ausbildung. Gewiß wäre es nicht wünschenswerth, diese Stufen noch zu vermehren, zu denen ein entsprechender Seminar-Kursus vorbereiten muß.

Zur weitern konstitutiven Einrichtung der Volksschule würden etwa folgende Grundsätze maßgebend sein, für welche die Zustimmung praktischer Schulmänner wohl zu hoffen sein möchte.

§. 31. 1) Die Schulpflichtigkeit beginnt am zweckmäßigsten erst nach vollendetem siebenten Lebensjahre. Wenn bisher die den Schulen zunächst wohnenden sechsjährigen Kinder schon für dieselbe in Anspruch genommen sind, geschah dies vielleicht zum Theil, um dem Einkommen der Lehrer nachzuhelfen — ein Grund, der künftig wegfällt. Nach gewichtiger ärztlicher Auktorität (Hufeland) ist ein früheres ernstliches Heranziehen der Kinder zum Lernen ihrer physischen Ausbildung nachtheilig und hat sich erfahrungsmäßig wenig förderlich erwiesen. Die Volksschule darf nicht zur Kleinkinderverwahranstalt herabgewürdigt werden.

§. 32. 2) Bis zum vollendeten zehnten Lebensjahre möchte das Kind nicht für mehr als drei Schulstunden täglich in Anspruch zu nehmen sein, ohne es zu erschlaffen und ohne Nachtheil seiner physischen Ausbildung.

Man wird überhaupt nicht dadurch die Schulzwecke fördern, daß man die Lehrstunden ohne Rücksicht auf das Alter der Kinder mehrt. Nach Erlangung einer gewissen geistigen Reife lernen die Kinder in einer Stunde mehr, als früher in dreien, und sind, nicht vorzeitig angestrengt, geistig frischer und kräftiger.

§. 33. 3) Wer die ländlichen Verhältnisse kennt, wird eingestehen, daß auf dem Lande im Allgemeinen nur Halbtagsschulen zulässig sind. Wollte man auch übersehen, daß die ärmeren Eltern die Kinder schwerlich ernähren könnten, wenn sie ihre Arbeit für den ganzen Tag entbehren müßten; daß ferner diesen Kindern die Einübung zu ihrem Lebensberufe nicht weniger nothwendig ist, als die Schule: so kommt noch das in Betracht, daß viele Kinder über eine Stunde Weges zur Schule zu gehen haben, daher unmöglich zwei Mal kommen könnten. Manchen würde aber kaum ein Stückchen Brod erreichbar sein, um Mittags den Hunger zu stillen, und was dadurch ihrer Gesundheit Abbruch geschähe, würde gewiß ihrer Lernfähigkeit nicht zugelegt.

§. 34. 4) Einklassige Schulen sind durchaus unzweckmäßig. Die Anfänger nehmen allein schon den Lehrer dermaßen in Anspruch, daß die Schulklasse der Tironen immer die am wenigsten zahlreiche sein muß. Ein Lehrer, der seine Schüler Morgens und Nachmittags zur Hälfte unterrichtet, wird mehr leisten, als wer sie die doppelte Zeit im Ganzen — träumen läßt. Das Helfer-System gewährt keine hinreichende Aushülfe; denn bedürfen die Helfer nicht auch der Anleitung und Aufsicht? Es bliebe dem Lehrer nichts übrig, als die ganze Schule in lankasternde Gruppen zu zertheilen: sie wäre dann aber eben auch nichts, als ein — mechanisches Dressirwerk. — Die Eintheilung in Klassen hat überdies den Vortheil, daß ein Lehrer eine weit größere Zahl Kinder zu übersehen und zu beschäftigen vermag; daß ihm daher auch eher ein angemessenes Einkommen zuertheilt werden kann, ohne die Gemeinden zu sehr zu beschweren.

Sind obige Grundsätze richtig, so würden sich darnach die höheren und niederen Volksschulen in folgender Art gestalten:

§. 35. 1) Die niedere Volksschule (welche künftig als „Gemeinschule" bezeichnet werden mag) wäre eine Halbtagsschule von 2 Klassen mit einem Lehrer, oder von 3 bis 4 Klassen mit zwei Lehrern. Die sieben Jahre der Schulpflichtigkeit wären unter jene Klassen zu vertheilen, indeß ein achtjähriger Schulbesuch freigegeben wäre.

§. 36. 2) Die höhere Volksschule würde aus der Halbtagsschule und Vollschule (so mögen die oberen Klassen, in denen Morgens und Nachmittags unterrichtet würde, bezeichnet werden) in der Weise kombinirt, daß auf die Halbtagsschule ein Drittel des neunjährigen Kursus fiele (für Kinder bis zu vollendetem zehnten Lebensjahre [§. 32.]). — Bei siebenjähriger Schulpflichtigkeit bliebe der (vollständige) neunjährige unentgeltliche Unterricht jedem Schüler freigestellt.

In der Regel würden allerdings diese höheren Volksschulen

nur in Städten zu ermöglichen sein; doch wäre zu hoffen, daß mit der Zeit auch der Wetteifer günstig gelegener Landgemeinden dahin aufstrebte.

§. 37. Uebrigens ist festzuhalten, daß das Gesetz, eine Gränze zwischen höherer und niederer Volksschule ziehend, für beide zwar jenes Minimum festsetzen würde, ohne jedoch Mittelstufen oder den Fortschritt zu irgend einer höheren Stufe auszuschließen. In Schuleinrichtung, Unterrichtsdauer u. s. w. ebensowohl, wie im Unterrichte selbst (§. 40 ff.), müßte das Gesetz die Entwicklung zu jedem höheren Erreichbaren frei lassen.

§. 38. Endlich kann das Gesetz auch eine andere Fortentwicklung der Volksschule nicht mehr ganz ignoriren, die sich in neuerer Zeit immer mehr Bahn bricht und daher auf ein wahres Zeitbedürfniß hinweis't: nämlich die Fortbildungsschulen. Obwohl diese Bezeichnung nicht immer ganz angemessen sein möchte, da dieselben nicht eben den Elementarunterricht im Ganzen weiterführen, sondern meist (als Ackerbauschulen, Handwerkerschulen u. s. w.) einen bestimmten Beruf berücksichtigen, so möchte sie als die geläufigste für die ganze Gattung wohl beizubehalten sein. Obwohl nun diese Fortbildungsschulen sich schon vielfach der Begünstigung der Behörden erfreuen, stehen sie der Kategorie der öffentlichen Volksschulen noch fern. Auch müssen sie ihrer Natur nach von verschiedenen Ministerien (für landwirthschaftliche Angelegenheiten, für Handel und Gewerbe) dependiren.*) Wenn daher das Schulgesetz sie auch nicht anordnen kann, würde es doch dem festzuhaltenden Interesse für genügende Jugendbildung

---

*) Und gewiß könnten die betreffenden Ministerien ihre zur Förderung des Ackerbaues und der Gewerbe bestimmten Fonds nicht besser verwenden, als auf solche Fortbildungsschulen. Weit mehr würden diese wirken, als die so freigebig gespendeten Prämien, die wenigstens für Agrikultur wenig nützen. Wenn solche in England mehr gewirkt haben, so beruht dies in der Eigenthümlichkeit der mehr zu spekulirendem Wetteifer geneigten Nation. Bei uns wird kaum ein Stück Vieh zur Thierschau gebracht, welches aus Rücksicht auf diese veredelt oder besser gepflegt wäre. Man bringt es, weil man's eben hat, und es wird prämiirt, weil eben nichts Besseres da ist. Der in sinniger Häuslichkeit abgeschlossene deutsche Landmann ist nur durch Zweierlei vorwärts zu bringen: durch Fortbildungsschulen und Musterwirthschaften. — Es würde daraus für manche strebsame Lehrer zugleich ein Mittel zur Besserung ihrer Stellung erwachsen.

nur entsprechen, wenn es den Elementarlehrern die Gelegenheit sicherte, ihre Qualifikation zum Unterrichte in den Fortbildungsschulen zu erlangen und diesen zu leiten.

---

§. 39. Ferner hat das Schulgesetz das Ziel des Unterrichts im Allgemeinen anzuweisen (§. 27.); es hat eine Garantie zu geben, daß derselbe das Zweckmäßige und Genügende leiste, eine Norm aufzustellen, welche, Abschweifungen sowohl als ungehörige Beschränkungen abwehrend, auf das Wesentliche und Erforderliche dringt, ohne eine berechtigte freie Entwicklung der Volksschule hemmend zu umgränzen (§. 28.).

Es ist bereits erwähnt, daß das „Genügend" in Art. 21. sich nothwendig nach den Verhältnissen und nach dem Möglichen modifiziren muß (§. 29.); doch weis't es jedenfalls auf ein Minimum hin, das vom Gesetze festzustellen ist, obwohl dasselbe den weitern Fortschritt nicht zum Abschlusse bringen kann. — Ferner wurde darauf hingewiesen, daß das Wort „Bildung" mehr begreife, als Unterricht (§. 25.). Die Fertigkeiten und Kenntnisse, welche dieser ertheilt, müssen zugleich dienen, alle geistigen und sittlichen Kräfte des Menschen selbständig zu entwickeln.

Es wird sonach bei folgenden Unterrichtsgegenständen zugleich ein näheres und ein weiteres Ziel anzudeuten sein, jenes für die Gemeinschulen (§. 35.), dieses für die Vollschule (§. 36.); jenes deutet auf ein Minimum, dieses auf den weiteren Fortschritt.

§. 40. 1) Das Lesen. In der Gemeinschule ist nächster Zweck Erlangung der mechanischen Fertigkeit und Verständniß; in der Vollschule wird es hauptsächlich Mittel zur Erweiterung der Kenntnisse.

§. 41. 2) Das Schreiben. In der Gemeinschule ist nächster Zweck Erlangung der mechanischen Fertigkeit und deren Gebrauch zur Mittheilung der Gedanken. Dieser Zweck bleibt; doch wird in der Vollschule mehr und mehr Richtigkeit und Schönheit der Form (Orthographie, Styl) in den Vordergrund treten. Es ist wohl als Fehler in solchen Volksschulen, die nur das Nothdürftigste leisten können, zu tadeln, wenn sich der Schreibunterricht zu sehr mit der Form (Kalligraphie, Orthographie) beschäftigt, um dem eigentlichen Zwecke des Schreibens — Mittheilung der Gedanken — noch besondere Rücksicht widmen zu können.

§. 42. 3) Zahlen- und Größenlehre. Die Gemeinschule wird das im praktischen Leben allgemein, die Vollschule auch das in manchen weit verbreiteten Berufskreisen Erforderliche zu erstreben haben. Der formelle Nutzen — Uebung im exakten Denken und somit Bildung in dieser Richtung — ist bedingt durch klare Begründung und durch diese das Maß des Erreichbaren.

§. 43. 4) Gesang. Man könnte zweifeln, ob derselbe hier überhaupt unter den Bildungsmitteln zu nennen, ob er nicht gar ausschließlich den kirchlichen Zwecken zu überlassen wäre. Doch bietet gerade der Gesang ein Moment der Volksbildung, welches nicht immer genügend gewürdigt und durch kein anderes zu ersetzen ist. Kein aufmerksamer Beobachter des niedern Volkslebens wird verkennen, daß demselben nichts mehr noth thut, als das Emporheben aus dem Rohen, Gemeinen. Wo dieses vorwaltet, ist auch sittliche Rohheit unmittelbare Folge und wird selbst durch eine noch so stark ausgeprägte religiöse Anregung nicht gebessert.*) Es sollte daher der ästhetischen Bildung**) des Volks mehr Aufmerksamkeit zugewandt werden; mit ihr geht die

---

*) Die Religion sollte den Menschen stets nur mit dem Eindrucke des ideal Schönen und Erhabenen ansprechen, um ihn so wirklich zu gewinnen und zu erheben. Jemehr dieselbe jedoch unter ihren Motiven mehr die Furcht, als die Liebe praktisch geltend macht, um so mehr wird sie geeignet sein, in ihrer Form vom Abschreckenden zum Geschmacklosen, ja Anstößigen herabzusinken. Diese Richtung bekundet sich in Ausstellung religiöser Zerrbilder, in der trivialen Behandlung des religiösen Stoffs überhaupt, nicht selten auch in dem jetzt so gewöhnlichen Alterthümeln mit christlichen Gesängen. Das Anstößige liegt hier weniger in den veralteten, als in den geschmacklosen Ausdrücken und in den barocken, unwürdigen Anschauungen, die sie vor die Seele bringen. Jene Herstellung der schwerfälligen und veralteten Sprache ist indeß auch zu beklagen als nachtheilig für die Schulen, wo die Kinder sie schwer verstehen und überdies solcher Bücher benöthigt sind, aus denen sie ein gangbares Hochdeutsch lernen können.

**) Man stoße sich nicht an die mit Beziehung auf Volksschulen scheinbar zu hochklingende Bezeichnung „ästhetisch". Es giebt eben keine andere, die das Erforderliche in gleichem Umfange ausdrückte.

sittliche Bildung desselben Hand in Hand. Dazu bietet sich aber kein Mittel, welches allgemein zugänglicher und wirksamer wäre, als der Gesang. In ihm vereinen sich zwei Kunstformen, die am leichtesten Zugang zu jedem Menschenherzen finden: Musik und Poesie. Wie manches in der Schule gesungene Lied tönt durch's ganze Leben nach! —

§. 44. 5) Realien. — Die Regulative erklären abgesonderten Unterricht im Anschauen, Denken und Sprechen für unnöthig, da aller Unterricht darin übe. Und doch muß das Kind noch besonders lernen, seine fünf Sinne recht zu gebrauchen; muß lernen, welche Kräfte und Mittel es habe, um vom Leben zu lernen. Welches ist das größte Hinderniß der Fortbildung des gemeinen Mannes? Die stumpfe Gedankenlosigkeit, womit er an Allem vorübergeht, was über die nächsten Interessen seines Wirkungskreises hinaus liegt. Dagegen kann man von allen Männern, die über das Gewohnte hinaus fortschritten, annehmen: was ihnen dazu den Schwung gegeben, war ihre durch Natur oder Verhältnisse begünstigte Beobachtungsgabe. Diese wird selten erworben, wenn nicht in der Kindheit. Das Kindesalter hat ein Bedürfniß zu Anschauungen, zu Ansammlung des Denkstoffs. Es ist daher die Zeit, da der Mensch lernen muß, zu sehen, zu erfahren und aus den so erworbenen Vorstellungen Begriffe zu bilden. Aus der Anschauung, Erfahrung erwächst der Verstand, an ihr bildet sich das Gemüth. Dazu bietet den Gegenstand kein Buch, viel weniger ein unverdauter Memorirstoff, sondern Welt und Leben. Ist es nicht niederschlagend, wenn dem Landmanne die ihn täglich umgebende Natur nichts sagt, als was für seinen Acker zu thun, zu hoffen sei! Wenn dem Städter das Wirken und Leiden des ihn umfluthenden Menschenstroms nichts sagt, als wie derselbe die Puppenhülle seines eng umschränkten Daseins berühre! — Ein so eingeengter Gesichtskreis schließt alles Fortstreben aus, aber auch allen Sinn für das Gemeinnützige, jede bewußte Vaterlandsliebe.*) —

*) Wie die Gesundheit des Herzens, so ist auch die Gesundheit des Verstandes durch einen allseitigen, klaren Blick auf Welt und Leben bedingt. Woher die fixen Ideen bei Menschen, die sich ganz in ihr Fach einspinnen? Sogar bei wissenschaftlich gebildeten; denn kann man den krassen Materialismus mancher Mediziner, den bornirten Konfessionalismus mancher Theologen u. s. w. für etwas

§. 45. Wenn die Schule nicht abgeschlossenen Unterricht geben, vielmehr nur Vorbereitung sein soll zu dem Unterrichte, den nur Leben und Erfahrung geben kann (§. 13), so ist grade ein zweckmäßig gerichteter Realunterricht das Mittel, das Kind auf wirkliche (nicht bloß imaginäre) Bahnen des Strebens zu leiten. Es wird dazu aber nöthig sein, daß diesem Unterrichte eine gewisse freie Bewegung gelassen werde; denn es liegt in der Natur desselben, daß das nach lokalen und zeitlichen Verhältnissen am meisten Gegenwärtige und Vorwiegende sein erstes und wichtigstes Objekt sein muß. Die Vertheilung desselben zwischen Gemein- und Vollschule (§§. 35. 36) ergibt sich demnächst von selbst: was in Natur und Leben sich unmittelbar den Sinnen darstellt, ist für jene*); was sich erst dem erweiterten Gesichtskreise darbietet, für diese. Zum Ersteren gehört schon das Voranstehende in Seelenlehre, Naturgeschichte, Naturlehre, Ackerbau, Technik, Geographie, Sternkunde; zum Zweiten außerdem das Wichtigste aus Weltgeschichte, Physik, Chemie, Geologie u. s. w. Die Wahl wird durch das lokale Bedürfniß, Umfang durch das Maß des Erreichbaren bedingt. — Dieser Realunterricht wird noch den besonderen Nutzen haben, daß er ein Interesse erweckt, wie überhaupt zum Fortstreben, so insbesondre für die Fortbildungsschulen.

§. 46. Zu demselben wäre auch der Unterricht in manchen mechanischen Fertigkeiten zu rechnen, z. B. in Baumzucht, Seidenzucht, weiblichen Arbeiten, Turnen, Exerziren**), deren Anordnung jedoch, als von Bedürfniß, Zeit und Mitteln abhängig, den Behörden anheim zu geben sein würde.

Anderes ansehen? — Durch einseitiges Hinrichten ihres ganzen geistigen Lebens auf Einen Vorstellungskreis heben sie diesen allmalig aus den Verknüpfungen des Gemeinsinns (sensus communis) heraus, und es wird das Entstehen einer fixen Idee zur psychologischen Nothwendigkeit. Darum muß die Schule vor Allem einen klaren, allseitigen Blick auf Welt und Leben erhalten. Sie soll Menschen erziehen (die auch als Christen Menschen bleiben) und Staatsbürger, keine regulativischen Duckmäuser.

*) Auch die Seelenlehre möchte hier die ihr gebührende Berücksichtigung finden (§. 58).

**) In einem Militärstaate, wie Preußen, wäre eine frühe militärische Gewöhnung von wichtigem Austrage.

§. 47. Was endlich die Verpflichtung der Eltern, ihre Kinder nicht ohne den vorgeschriebenen Unterricht zu lassen, betrifft, so ist kein Grund vorhanden, in der bisherigen Art, die Säumigen dazu anzuhalten, etwas zu ändern. Vielmehr möchten die Absentenlisten mit um so größerer Strenge zu führen sein, da es in der Natur des Menschen liegt, das gering zu achten, was ihm umsonst geboten wird.

Die Zeit der Schulpflichtigkeit dürfte ohne Härte über das bisher gewöhnliche Maß (7 Jahre) wol nicht zu verlängern sein. Die Entlassung aus der Schule vom Nachweise eines gewissen Maßes von Kenntnissen abhängig zu machen, entspräche nicht der Verfassung (die auf vorgeschriebenen Unterricht, nicht auf vorgeschriebene Kenntnisse dringt) und wäre auch praktisch nicht durchzuführen; denn es gibt Kinder, deren an Blödsinn gränzende Stumpfheit sie selbst bei Verdoppelung jener Zeit nicht weiter kommen ließe. Dagegen möchte es den Eltern u. s. w. frei zu geben sein, die Schulzeit in Gemeinschulen um ein Jahr, in Vollschulen um zwei Jahre zu verlängern (§§. 35. 36).

§. 48. Doch liegt es im Sinne der Verfassung (Art. 12 u. s. w.), daß jene den Eltern auferlegte Verpflichtung nicht mit deren berechtigten Ueberzeugungen in Konflikt treten darf. Daraus folgt

§. 49. 1) daß ihnen die bisherige Schulfreiheit auch künftig gewährt werden muß. Daß sie ihre Kinder auch in Privatschulen unterrichten lassen können, ergibt sich aus Art. 22.

§. 50. 2) Daß in solchen öffentlichen Volksschulen, die allen Konfessionen zugänglich sind (§. 82), nur das Gegenstand des Unterrichts sein kann, was allen sittlichen und vernünftigen Menschen als solchen zulässig und ersprießlich erscheinen muß.

§. 51. Indem den Eltern die Wahl des Religions-Unterrichts zusteht, werden sie sich der Verpflichtung, den Kindern überhaupt solchen ertheilen zu lassen, nicht entziehen können (Art. 24 setzt ihn voraus). Wenn auch nicht die religiöse Bildung der Jugend als solche, so interessirt den Staat doch deren sittliche Bildung, welche von jener schwerlich zu trennen ist. —

Zweites Kapitel.

„Art. 22. Unterricht zu ertheilen und Unterrichts-Anstalten zu gründen und zu leiten steht Jedem frei, wenn „er seine sittliche, wissenschaftliche und technische Befähigung „den betreffenden Staatsbehörden nachgewiesen hat."

§. 52. Dieser Artikel gesteht den Eltern ꝛc. indirekt das Recht zu, ihren Kindern den vorgeschriebenen Unterricht in Privatschulen ertheilen zu lassen. Ob dieselben aber auch dann gehalten seien, einer Schulgemeinde beizutreten, bleibt zu Art. 25 zu erwägen. —

§. 53. Es entsteht hier die Frage, ob es im Sinne der Verfassung auch zur Anstellung an Volksschulen genügen müsse, die Befähigung nachzuweisen, auch ohne Besuch eines Seminars. Da die Gemeinden den Lehrer zu besolden haben (Art. 25), ihnen daher auch Betheiligung an der Wahl zugestanden ist (Art. 24), so läßt sich nicht wol ein Grund denken, warum die Freiheit dieser Wahl über das Nothwendige hinaus beschränkt werden sollte; denn gewiß ist es nicht im Sinne der Verfassung, die Seminare zur Anlernung einer beschränkten geistigen Richtung (nach Art der Regulative) zu benutzen. Zudem möchte es gerathen sein, strebsamen jungen Leuten, die Fähigkeit und Trieb haben, mit geringen Mitteln sich den Weg zu jener Qualifikation zu bahnen, dies auf alle mögliche Weise zu erleichtern.

Wenn aber auch die freie Erlangung jener Qualifikation prinzipiell zugestanden würde, bliebe doch zu erwägen, daß ein einfaches Examen die allseitig genügende Befähigung, wie sie die Volksschule erfordert, schwerlich mit voller Sicherheit erkennen läßt, und daß wenigstens Theilnahme am letzten Jahres-Kursus des Seminar-Unterrichts auch zur völligen Abrundung der Lehrerbildung wünschenswerth sein dürfte, ja selbst zur Begründung jenes theilnehmenden und theilgebenden Gemeingeistes unter den Lehrern, welcher, grade in diesem Stande so heilsam und so natürlich, durch denselben finstern Genius, der auch die Kirche trennend durchzieht, nur erst in neuerer Zeit zum Theil getrübt ist. Es möchte daher rathsam sein, jenes Zugeständniß dahin zu beschränken, daß der Seminar-Unterricht Qualifizirten bis auf den letzten Jahres-Kursus erlassen werden könnte. —

§. 54. Indem ferner Art. 22 der Befähigung gedenkt, welche Jeder, der Unterricht ertheilen will, nachzuweisen hat, weiset er indirekt auf die Ansprüche hin, welche an die Seminare zu stellen sein möchten. Hat aber das Unterrichtsgesetz die Mittel eines genügenden Volksunterrichts zu sichern (§§. 27. 29), so muß es vor Allem auf genügende Bildungsschulen für Lehrer dringen. Es ist hier also der passende Ort, der Wirksamkeit der Seminare eine eingehende Betrachtung zu widmen.

---

§. 55. Die Elementarlehrer sind recht eigentlich die Garanten der Volksbildung, und wenn Preußen als Intelligenzstaat groß geworden ist, so haben seine Volkslehrer zu dieser Größe die breite Grundlage gelegt. Das Niederdrücken der Lehrerbildung würde daher das Niederdrücken der Staatsmacht bedeuten, und das Beispiel so mancher amerikanischen Herde vernunftloser Revolutionen könnte den reaktionären Staatskünstlern unsrer Zeit den Beweis liefern, wie wenig um jenen Preis auch nur die Ruhe des Kirchhofs erkauft würde.*) Abgesehn daher von der allgemeinen Rücksicht auf Menschenwohl und Menschenwürde, ist eine tüchtige Ausbildung des Lehrerstandes auch ein wichtiger Faktor der Macht und des Ansehns des Staates.

---

*) Es mögen auch folgende Worte des großen Königs hier erwähnt werden: „Es finden sich falsche Staatsmänner, die in ihren beschränkten Begriffen, ohne in die Sache tiefer einzugehen, geglaubt haben, es sei leichter, ein unwissendes und dummes Volk, als eine gebildete Nation zu regieren. Das heißt aber wirklich stark schließen! Da die Erfahrung lehrt, daß, je dümmer das Volk ist, es desto eigensinniger und hartnäckiger sei, und die Schwierigkeit, dessen Eigensinn zu besiegen, weit größer als die, ein, um Vernunft anzunehmen hinlänglich gebildetes Volk von einer gerechten Sache zu überzeugen."

Derselbe wirkt nicht nur durch Unterricht der Jugend; er ist zugleich der verbreitetste Träger jener Lebenskraft des Staates, der Intelligenz, die er in den weitesten Kreisen des Volks verstreut. Dazu bedarf er aber einer umfassendern und selbständigern Bildung, als das regulativische Zustutzen zum nothdürftigsten Unterrichten (§. 14 cc.); er bedarf auch der Achtung, welche eine solche Bildung gibt.

Zunächst ist allerdings das Maß der nöthigen Qualifikation des Lehrers bedingt durch das Maß des zu ertheilenden Unterrichts, und so wird das im vorigen Kapitel über diesen Gesagte zu berücksichtigen sein; nicht aber ist es nach Art der Regulative als genügend anzunehmen, daß der Lehrer von Allem ein Stückchen länger herzubeten wisse, als der Schüler. Wer gut sprechen will, muß klar und umsichtig denken lernen, und wer gut unterrichten will, muß seinen Gegenstand mit Bewußtsein durchdringen, muß ihn in seinem Zusammenhange überschauen. Der Lehrer, welcher seinen Gegenstand beherrscht, wird auch leicht Form und Modus der Mittheilung finden, ohne daß er dazu abgerichtet ist (§. 14). Nur der aber beherrscht seinen Gegenstand, dem die Wissenschaft die leitenden Fäden in die Hand gelegt hat, indeß die bewußtlose Routine an jeder verwickelten Stelle des Gewebes verwirrt und verwirrend umhertappt. Und diese Routine kostet vielleicht mehr Zeit und Mühe, als eine wissenschaftliche Uebersicht. Wir suchen uns in einer durch Wald und Schlucht durchbrochenen Gegend zu orientiren und irren lange umher, ohne uns Zusammenhang und Lage der Theile zu einander deutlich machen zu können: wäre es da so viel mühsamer, einen nahebei liegenden Berg zu ersteigen, um das Ganze aus Einem Gesichtspunkte mit Einem Male zu überblicken und — zu begreifen? Dieser bewußte Ueberblick über die organische Verknüpfung des Ganzen begründet allein wahre Bildung*), und solchen zu erlangen fällt dem einiger Maßen gereiften Geiste bei zweckmäßiger Anleitung nicht schwer. Es muß nur festgehalten werden, daß es sich hier nicht um das schwierige Geschäft des Fachgelehrten handelt, die wissenschaftlichen Prinzipien zu finden, zu prüfen und in ihren speziellsten Resultaten zu verfolgen. Der Zweck kann hier nur sein eine bewußte,

---

*) Die Regulative scheinen sehr eingenommen gegen alles Halbwissen, haben aber, wie gewöhnlich, das Unglück, das herbeizuführen, was sie zu verhindern

von den einfachsten Prinzipien geleitete Durchdringung des Gegenstandes, indeß schon die beständige Vorkehrung der praktischen Seite, der sich natürlich das Hauptinteresse zuwendet, Klarheit und Sicherheit begünstigt. —

§. 56. Ist nun eine höhere Volksschule neben der niedern unabweislich, ja schon bestehend (§. 30. 36); sind daneben die Fortbildungsschulen zu berücksichtigen: so werden die Seminare durch verlängerten Kursus und höhere Klassen auch für Ausbildung dazu genügender Lehrer erster Klasse sorgen müssen, und diese wird kaum anders, als durch vierjährigen und vierklassigen Kursus zu erreichen sein, wenn bei den Lehrern der Gemeinschulen (§. 35) ein dreijähriger und dreiklassiger Kursus genügen möchte. Doch würde es für diese eine Ermunterung zum Fortstreben sein, wenn ihnen gestattet wäre, sich auch ohne fortgesetzten Seminar-Kursus für die erste Klasse zu habilitiren (§. 53).

§. 57. Der Lehrer kann zunächst einer wissenschaftlichen Erfassung seines Berufs nicht entbehren, soll dieser nicht zum Handwerksmäßigen herabsinken. Doch möchte es rathsam sein, sämmtliche propädeutischen Wissenschaften in ein Ganzes zusammenzufassen, worin sie, sich gegenseitig erleuchtend und ergänzend, an Einfachheit und Klarheit gewinnen würden. Die Propädeutik der Seminare würde sich dann in drei Gruppen ordnen: 1) Seelenlehre (populäre Psychologie und das Naheliegende aus der Anthropologie umfassend); 2) Erziehungslehre oder Pädagogik; 3) Unterrichtslehre oder Didaktik (Methodik und Katechetik umfassend).

Dies Zusammenfassen der ganzen theoretischen Vorschule des Volkslehrers hat keinesweges einen bloß scheinbaren Vortheil. Nicht nur der Unterricht gewinnt durch erleichterte Anknüpfung, Beziehung und Kombination an Einfachheit und Kürze; auch der Lernende findet das ganze Material schon genähert, verbunden, Eins durch das Andre erleuchtet und begründet, und es wird ihm

---

vorgeben. Wenn sie Methodik an die Uebungsschule (S. 13), Pädagogik an die Glaubenslehre (S. 14), deutsche Grammatik ans Lesebuch (S. 27), Weltgeschichte an die biblische und deutsche Geschichte und Biographien (S. 32) anknüpfen, so muß ein so verstreuter und desultorischer Unterricht nicht nur zum Halbwissen, sondern zu einem wahrhaft konfusen Wissen führen.

dadurch die einheitliche Durchdringung und Beherrschung des Stoffs, die so wesentlich zur wissenschaftlichen Bildung gehört, wesentlich erleichtert.

Schwerlich aber darf dem Lehrer, der die Jugend wirklich bilden soll, eine jener Kenntnisse, die ihm erst eine bewußte, wissenschaftliche Einsicht in sein Fach geben, fehlen.

§. 58. Ohne Seelenkunde, sagt Hoffmann mit Recht, ist die ganze Erziehungskunst etwas gar Mißliches und Ungründliches. Man könnte hinzusetzen: auch die ganze Unterrichtskunst; denn die Seelenkräfte, die man in Anspruch nehmen will, muß man kennen. Kein Lehrer, der etwas von der Seelenlehre weiß, wird z. B. den Fehler machen, den Begriff vor der Anschauung zu fordern. — Aber auch als Unterrichtsstoff in der Schule ist die Seelenlehre von größter Wichtigkeit, und wohl zu erwägen ist der Wunsch Reinhard's, daß das Gemeinnützigste aus der Seelenkunde zu einer stehenden Lektion gemacht würde. Nichts kann unwichtig sein, was den Menschen zur Selbstbetrachtung und zur Kenntniß seiner eignen Mittel und Kräfte anzuleiten geeignet ist.

§. 59. Die Erziehungslehre möchte für jeden Lehrer unerläßlich sein.*) Auch die Regulative setzen Erziehung sogar in den Vordergrund der Aufgabe des Lehrers; verwerfen dabei aber die Erziehungslehre und nennen als ausreichende Pädagogik die Lehre von der Sünde, der menschlichen Hülfsbedürftigkeit, von dem Gesetz, der göttlichen Erlösung und Heiligung (S. 14).**) Aber Gott schuf die Kinder — eben als Kinder: da werden sie denn wohl berechtigt sein, auch als Kinder zu denken und zu

---

*) Für jeden Lehrer, auch für den an höheren Lehranstalten. Ihm vertrauen doch auch die Eltern ihre Söhne in der Zuversicht an, daß er hinreichende pädagogische Bildung habe, um zu wissen, welche Behandlung ein aufstrebendes, jugendliches Gemüth in seiner gesunden Entwicklung fördere, und was diese niederdrücke und verkümmere. Wo aber auch dort die Reaktionswuth neben den Humanioribus die Zwangsjacke eingeführt hat, geschehen Dinge, die kein vernünftiger Pädagoge billigen kann. Es gibt Jünglinge, die den Eindruck Einer ungerechten Härte kaum in ihrem ganzen Leben verwinden, und nicht alle haben die geistige Elastizität eines Schiller.

**) Man könnte eben so gut die Lehre von der Schöpfung und Erhaltung als Diätetik empfehlen.

fühlen, und Eltern und Lehrer berechtigt, sie in kindlicher Einfalt und Aufrichtigkeit zu bewahren (§. 21). Die Lehrer sollen Gehülfen der Eltern bei Erziehung der Kinder sein, und man darf von ihnen erwarten, daß sie eine genügende pädagogische Bildung haben, um geeigneten Falls deren Rathgeber sein zu können.*)

§. 60. Methodik und Katechetik, so entfernt sie in der Praxis zu stehen scheinen, ordnen sich als Theorie — Grundregeln der Unterrichtslehre — recht wohl neben einander. Das selbständige Bestehen jener Disziplinen würde leicht verleiten, sie zu weit auszuspinnen, was hier in der That nutzlos, vielleicht gar verwirrend wäre. So wichtig beide auch für den Lehrer sind, die Methodik, um den nächsten, richtigsten Weg zu finden für den Unterricht, die Katechetik, um den Schüler zu wecken und zur Selbstthätigkeit anzuregen, so ist doch nicht zu übersehen, daß in beiden die Praxis voransteht, und daß auch trotz aller Theorie der kein guter Katechet sein kann, dem der geistige Gehalt dazu fehlt. —

Diese Propädeutik möchte selbst für die Volkslehrer zweiter Klasse unentbehrlich sein, um als wissenschaftliche Grundlage den Trieb nach Fortbildung in ihnen zu begründen.

§. 61. Da sich's hier nur um das Maß der Kenntnisse der Volkslehrer handelt, ist über die Art des Lese- und Schreibunterrichts nichts zu sagen. Beim Unterricht in der Orthographie aber jede „systematische Betreibung der deutschen Grammatik" auszuschließen (wie die Regulative Seite 25 wollen**)), möchte selbst für Lehrer zweiter Klasse auch darum bedenklich sein, weil Kenntnisse ohne wissenschaftliche Begründung

*) Den Brautleuten sind oft vor der Trauung mancherlei Bedingungen gestellt. Einst wurde ihnen aufgegeben, vorher ein paar Obstbäume zu pflanzen; jetzt fordern ihnen fromme Pastoren auch wohl ihr Glaubensbekenntniß ab und haben ihnen auch sonst allerlei abzufragen. Warum ist es noch Keinem eingefallen, ihnen einen vorherigen Kursus in der Erziehungslehre zur Bedingung zu machen? — Mag diese hingeworfene Frage hier auch als Scherz ansprechen: sie hat einen ernsten Hintergrund, betrachtet man sie (um eine Verpflichtung zu rechtfertigen) auch nur aus dem Gesichtspunkte, daß die Eltern doch auch dem Staate für ihre Kinder einstehen müssen.

**) Vordem pflegten sich schon die Präparanden mit dem Studium der deutschen Grammatik zu beschäftigen.

kein Fortstudium begünstigen und leicht ganz wieder verloren gehen.

§. 62. Zur Geographie bietet das Nöthigste aus der Sternkunde, die natürliche Einleitung, und wenn man annehmen darf, daß schon die Präparanden nicht ohne die allgemeinsten geographischen Kenntnisse zugelassen werden, so wird eine mehr oder weniger eingehende Kenntniß des Globus, der Karte von Europa, Deutschland und dem Preußischen Staate selbst für die Lehrer zweiter Klasse das Maß des Erreichbaren nicht übersteigen.

§. 63. Im höhern Kursus würde zugleich mit dem Studium der Geschichte die dazu nöthige Länderkunde weiter geführt. Es möchte ferner neben der mathematischen und physischen Geographie noch die Geognosie*) besonders zu berücksichtigen sein. Die so weit vorgeschrittene Kenntniß der Erdrindenbildung hat ein so hohes, allgemeines und industrielles Interesse erlangt, daß sie den höheren Volks- und Fortbildungsschulen wenigstens an manchen Orten nicht fremd bleiben darf. Daß hier nur fertige Resultate, nicht eigene Ermittlungen auf Grund der Petrefaktenlehre gefordert werden können, versteht sich von selbst. — Das Nothwendigste aus der Mineralogie wird theils hier, theils im Lehr-Kursus der Chemie sich darbieten, ohne daß auf die mathematischen Definitionen der Krystallisationslehre einzugehen wäre.

§. 64. Die allgemeine Weltgeschichte erzeugt nach den Regulativen (S. 31.) in den Seminarien Unklarheit und Verbildung. Dies ist in der That neu. Ja, wenn sie ein Roman wäre! Aber die wahre, wirkliche Geschichte der Menschheit mit ihren Lehren, Erweckungen und Warnungen hat man bisher für das geeignetste Mittel gehalten, von jeder Unklarheit und Verbildung vorzubeugen. — „Ihr Studium", sagen die Regulative weiter, „erfordert gründliche Vorkenntnisse aus anderen „Gebieten des Wissens, welche den Zöglingen der Seminarien „abgehen." Man könnte mit mehr Recht sagen: Sie giebt die Vorkenntnisse zu den anderen Gebieten des Wissens. Jene Zög-

*) Hier im weitern Sinne — als Geognosie im engern Sinne und Geologie umfassend — verstanden!

linge zu Historiographen auszubilden, möchte allerdings unthunlich sein. Uebrigens ist nicht einzusehen, welche große Vorkenntnisse ihnen nöthig wären, auf einem Gebiete, wo ihnen nichts begegnet, als — die Menschheit. — Aber noch wunderbarer ist es, wenn die Regulative aus dem Ganzen der Weltgeschichte die Deutsche und Preußische Geschichte herausrahmen und dies isolirte Stück für faßbarer halten. So wäre denn der abgesondert durch ein Streiflicht erhellte Theil eines organischen Ganzen besser zu verstehen, als in seinem Zusammenhange mit diesem Ganzen?

Warum sprechen die Regulative statt solcher Räthsel und Widersprüche ihren Grund nicht offen aus? Sie halten die Geschichte der alten heidnischen Welt für gefährlich, und das ist ihrem Standpunkte gemäß.

Für den dreijährigen Kursus müßte freilich ein Abriß der allgemeinen Weltgeschichte, woraus sich die Deutsche und Preußische Geschichte besonders hervorhöbe, ausreichen. Aber auch diese Uebersicht brauchte des pragmatischen Zusammenhanges nicht zu entbehren und würde bei wichtigeren Erscheinungen und Epochen hinreichend verweilen.

§. 65. Im höheren Kursus möchte das Wichtigste aus der Deutschen Literaturgeschichte anzureihen sein. Daß aber auch nur den Lehrern zweiter Klasse die „sogenannte klassische Literatur" völlig verdeckt bleiben soll, erklärt selbst der Standpunkt der Regulative kaum, wenn es diesen wirklich Ernst damit ist, auch für das größere Vaterland Sympathieen zu wecken. Wo soll das zerrissene Deutschland seinen Vereinigungspunkt finden, als um die ersten und besten seiner Söhne? Woran soll die Begeisterung für dasselbe sich hinaufranken, wenn nicht an den schönsten und erhabensten seiner geistigen Blüthen? —

§. 66. Im praktischen Rechnen werden selbst die Lehrer zweiter Klasse den vollständigen Kursus durchzumachen haben.*)

*) Viele Schulknaben haben dies vermocht. — Was aber die Regulative über Seminarunterricht in Rechnen und Raumlehre (S. 37) bestimmen, setzt, so weit es überhaupt verständlich ist, in Erstaunen. Bekanntschaft mit den „Dezimalzahlen" (soll doch wol heißen „Dezimalbrüchen" — man reduzirt jetzt freilich die Gewichte darauf), ja selbst Verhältnißrechnung (auch die einfache Regel de tri ist Verhältnißrechnung) soll das Seminar in der Regel nicht geben (!) Dennoch soll angeleitet werden, körperliche Figuren zu berechnen, algebraische Aufgaben auf arithmetischem Wege zu lösen (nach gewöhnlichem Sprachgebrauche ist die Algebra

— Jener Kursus enthält gewöhnlich schon so viel vom Messen und Berechnen der Flächen und Körper, als das praktische Leben im Allgemeinen erfordert.

§. 67. Dem höhern Kursus dürfte natürlich die Mathematik nicht ganz fremd bleiben, namentlich Arithmetik bis zu den Gleichungen ersten Grades (mit Beschränkung der Lehre von den Wurzeln und Potenzen auf das Nothwendigste), Planimetrie (mit Beschränkung auf die Euklidischen Sätze).

§. 68. Beim Unterrichte in der Naturkunde muß im niedern Kursus die Rücksicht besonders leitend sein, daß er den Lehrer in Stand setzen soll, die Jugend vom gedankenlosen Vorübergehen an dem Herrlichsten, was sich täglich ihrem Anschauen darbietet, zum denkenden Aufmerken zu wecken (§. 44.). Wenn überhaupt die Gewöhnung zum Aufmerken den Verstand bereichert, so bietet die Naturanschauung außerdem die wichtigsten Momente zur Ausbildung des Gemüths und eines gesunden religiösen Gefühls. Hieraus folgt von selbst, daß im Unterrichte, wie in der Wirklichkeit, die einheimische Natur, das lebendig Gegenwärtige, in den Vordergrund treten muß. Es ist in dieser Beziehung ein bedauernswerther Mangel bemerkbar, der auf die Schulen zurückweis't: bis zu den gebildeten Ständen hinauf erstreckt sich jene Unbekanntschaft mit den andringlichsten Einzelheiten der umgebenden Natur.

Schon im niederen Kursus wird daher Naturgeschichte in der Art zu treiben sein, daß von ausländischen Thieren und Gewächsen nur die wichtigsten beschrieben; dagegen den einheimischen in dem Maße Aufmerksamkeit zugewandt wird, als sie durch häufiges Vorkommen oder besonderes Interesse sich derselben aufdrängen. Zum Fortstudium in der Pflanzenkunde möchte Bekanntschaft mit dem Linneischen Systeme (mit Ausschluß der lateinischen Namen) zu wünschen sein. — Auch beim Vortrage der populären Naturlehre wäre obige Rücksicht festzuhalten.

§. 69. Der höhere Kursus würde, den Anforderungen der Zeit Rechnung tragend, Physik und Chemie aufnehmen müssen. Auch hier würde wissenschaftliche Begründung eine klare Einsicht

---

Theil der Arithmetik — soll diese etwa neben jenem praktischen Rechnen hergehen?).

Wie reimt sich das? —

und das Fortstudium begünstigen, und dieselbe würde mit Berücksichtigung des Dynamischen vor dem Mathematischen, des praktisch Wichtigen vor dem Entlegeneren wohl bestehen können.

§. 70. Was zuerst die Physik betrifft, so besteht dieselbe aus selbständigen Theilen, die ganz nach Maßgabe ihres praktischen Interesses berücksichtigt werden können. Die Mechanik, namentlich die so vielfach zur Anwendung kommende Lehre vom Gleichgewicht und von der Bewegung der Körper, wird allerdings einer mathematischen Begründung bedürfen. — Die Lehre vom Schall ist z. B. bei Behandlung musikalischer Instrumente von Wichtigkeit. — Bei der Lehre vom Lichte möchte außer dem allgemein Interessanten das zum perspektivischen Zeichnen Förderliche besonders in Betracht kommen. — Von der ausgedehntesten praktischen Wichtigkeit ist die Lehre von der Wärme. — Am schwierigsten möchte eine wissenschaftlich klare Behandlung der Elektrizität (und der verwandten Kräfte) werden. Doch wird eine klare Erkenntniß der Hauptgesetze nicht nur wegen ihres allgemeinen Interesses nöthig, sondern auch in der Chemie zur Begründung jeder chemischen Aktion. — Die Meteorologie hat endlich für den Ackerbau noch eine besondere Wichtigkeit.

§. 71. Zur wissenschaftlichen Einsicht in die Chemie bedarf es einer klaren Vorstellung von der chemischen Verbindung, der chemischen Verwandtschaft, der Säuren, Basen und Salze und der Gesetze der chemischen Aequivalente. Uebrigens muß Agrikultur-Chemie und chemische Technologie hauptsächlich Berücksichtigung finden.*)

§. 72. Das in vielen Gewerben, so wie zur Bildung des Auges und Geschmacks wichtige Zeichnen würde wol in beiden Kursus zu betreiben sein. Im zweiten wäre neben dem Freihandzeichnen auch die erste Anleitung im Linearzeichnen zu geben.

---

*) Man hat behauptet, es sei sogar eine umfassende Kenntniß der Chemie darum nöthig, weil die Agrikultur-Chemie sich auf den schwierigsten Theil derselben, die organische Chemie, gründe. Dem ist nicht so. Es handelt sich dort nur um das Verhältniß der (aus der anorganischen Chemie bekannten) Bestandtheile der Pflanzen und um Art und Form, in welcher diese sich solche aneignen. Was die organische Chemie schwierig macht, die Analyse, gehört natürlich für Leute von Fach.

§. 73. Rechnet man zu Obigem noch hinzu den nöthigen Musik- und Gesangunterricht; räumt man dem (auch hier von der Kirche zu leitenden) Religionsunterrichte die ihm gebührende bedeutende Stelle ein; bringt man noch manche mechanische Fertigkeiten (Obstbaumzucht u. s. w.), so wie Uebungen im Turnen, Schwimmen, Exerzieren u. dergl. in Anschlag: so erwächst der Lehrstoff allerdings zu einer bedeutenden Größe an. Wie viel jedoch bei Ausschluß fremder Sprachen in den Jahren geistiger Reife in anderen Fächern geleistet werden kann, mag man an der Aufgabe ermessen, die den Provinzial-Gewerbeschulen für einen zweijährigen Kursus gestellt ist. Darnach erscheinen obige Anforderungen für einen drei-, resp. vierjährigen Seminar-Kursus immerhin noch mäßig (§. 56.).

---

§. 74. Welchen Unterricht in den Volksschulen, welche Vorbildung der Volkslehrer unsere Zeit beanspruche, mußte auch darum ausführlicher, als es für den nächsten Zweck dieser Schrift vielleicht nöthig scheint, erörtert werden, weil sich daraus erst mit Bestimmtheit Stellung und Ansprüche abmessen lassen, die dem Stande der Volkslehrer heutiges Tages gebühren möchten.

Drittes Kapitel.

„Art. 23. Alle öffentlichen und Privat-Unterrichts- und „Erziehungs-Anstalten stehen unter der Aufsicht vom Staate „ernannter Behörden.

„Die öffentlichen Lehrer haben die Rechte und Pflichten „der Staatsdiener.

§. 75. Eine Veränderung der höheren Schulbehörden wird in Folge dieses Artikels nicht unmittelbar erfordert. Da jedoch den Lehrern Rechte und Pflichten der Staatsdiener beigelegt werden, ist zu hoffen, daß die Handhabung des Schulwesens sich immer mehr als selbständige, unabhängige Branche der Staatsverwaltung organisire, wodurch erst die Schule die volle, ihr im Staate gebührende Bedeutung erlangen wird (§. 91.).

§. 76. In Gemäßheit des Schlußsatzes dieses Artikels müssen die für die Volksschulen anzustellenden Schulinspektoren als solche nothwendig Staatsbeamte sein. Sie müssen daher auch, wie alle anderen Staatsbeamten, die Befähigung für ihr Amt nachgewiesen haben. Gewiß wäre es wünschenswerth, daß auch eine akademische (namentlich theologische) Ausbildung dazu käme, und dann für jeden Kreis nur ein Schulinspektor (Schul-Superintendent) angestellt würde, der sich ausschließlich seinem Berufe widmen könnte. Aber da tritt wieder die leidige Rücksicht auf das Mögliche und Erreichbare hemmend entgegen. Woher die Kosten? Was an Zuschuß für die Schule zu erschwingen ist, wird vor Allem zur Verbesserung des Gehalts der Lehrer verwandt werden müssen. Schwerlich aber wird es Geistlichen möglich sein, im Schulwesen — als solche die Kirche — und als Schulinspektoren zugleich die politische Schulgemeinde zu vertreten, da in Folge der verfassungsmäßigen Konstituirung der Schule beiderlei Interessen möglicher Weise in Konflikt gerathen könnten.

Es bliebe also nichts übrig, als unter den Lehrern selbst Befähigte mit der Inspektion zu beauftragen. Es wären dazu natürlich nur Lehrer erster Klasse zu designiren (§. 56.). Aber ein Lehrer, der selbst seine Schule zu versehen hat, kann natürlich nicht als Inspektor eines ganzen Kreises fungiren. Auch ist es immerhin mißlich, dem Einzelnen eine diskretionäre Gewalt über Berufsgenossen zu übertragen.

§. 77. Als Auskunft würde sich eine der Synodal-Verfassung der evangelischen Kirche analoge Einrichtung empfehlen. Ein Schulbezirk würde darnach eine jährlich zu versammelnde Schulsynode bilden, die aus sämmtlichen Lehrern und einem Laien-Deputirten jedes Schulvorstandes bestände. Dieselbe hätte außer ihren sonstigen Funktionen als Schulbehörde jährlich einen Lehrer und einen Laien-Deputirten zu wählen, die gemeinschaftlich mit dem Schulinspektor die jährlichen Schul-Visitationen abzuhalten hätten. Jedes Mitglied dieser Inspektion müßte seinen Stellvertreter für den Behinderungsfall haben. — Gewiß würden solche Schul-Synoden neben den vom Schulinspektor zu leitenden

Konferenzen anregen und durch Theilnahme der Laien-Deputirten auch das nur zu oft fehlende Interesse der Schulgemeinden erhöhen.

§. 78. Der Schulvorstand, als erste Schulbehörde, würde in äußeren Angelegenheiten den Verwaltungsbeamten zum Vorsitzenden haben; in inneren Angelegenheiten würde der Vorsitz dem Schulinspektor, oder, je nach der Natur des zu berathenden Gegenstandes und der Schule (§. 83.), dem Ortsgeistlichen zustehen. — Selbstverständlich wären die Lehrer schon als solche Mitglieder des Schulvorstandes. Daß dies bisher nicht der Fall gewesen, ist eine schwer zu erklärende Anomalie. Daß aber die übrigen Mitglieder von der Schulgemeinde frei zu wählen sein würden, ergiebt sich schon als Konsequenz der Art. 24. u. 25. (§. 87.).

---

§. 79. **Art und Zweck jener Aufsicht der Staatsbehörden über öffentliche und Privatschulen bedarf im Ganzen keiner weitern Erörterung. Jedoch entsteht die Frage, ob und wie fern sich dieselbe auch über den Religionsunterricht zu erstrecken habe.**

Der Staat wird überhaupt keine Religionsgesellschaft zum Unterrichte zulassen, ohne daß diese hinreichende Gewähr für Sittlichkeit und Unschädlichkeit ihrer Tendenzen gegeben hätte. Aber auch so wäre es denkbar, daß durch abirrende Richtungen oder auch nur durch Verirrungen Einzelner ihrer Diener ein unsittlicher oder staatsfeindlicher Einfluß geübt würde. Schwerlich kann daher der Staat eine Ueberwachung des Religionsunterrichts nach der praktischen Seite hin ganz aus der Hand geben. Doch würde sich dieselbe nicht weiter zu erstrecken haben, als das Interesse für Sittlichkeit und Staatswohl es erheischt.

---

§. 80. **Mit den Rechten der Staatsdiener wäre den Lehrern denn auch der Anspruch auf gesetzliche Pensionirung zuerkannt. Darnach gebührte ihnen nach 15 Jahren Dienstzeit $\frac{1}{8}$, nach 20 Jahren $\frac{2}{8}$, nach 25 Jahren $\frac{3}{8}$, nach 30 Jahren $\frac{4}{8}$ u. s. w. ihres Gehalts als Pension.**

Eben jene Rechte gestatteten ihnen den Einkauf ihrer Frauen in die Staatswittwenkasse. Der Einkauf für wenigstens 50 Thaler Pension würde ihnen sogar zur Pflicht zu machen sein. — Dabei wäre zu wünschen, daß die Fonds der bestehenden Schullehrer-Wittwenkassen ihren bisherigen Zufluß behielten und besonders zum Fortkommen der Waisen der Volkslehrer verwandt würden.

Viertes Kapitel.

„Art. 24. Bei der Einrichtung der öffentlichen Volks-„schulen sind die konfessionellen Verhältnisse möglichst zu „berücksichtigen.

„Den religiösen Unterricht in der Volksschule leiten die „betreffenden Religions-Gesellschaften.

„Die Leitung der äußern Angelegenheiten der Volksschule „steht der Gemeinde zu. Der Staat stellt, unter gesetzlich „geordneter Betheiligung der Gemeinden, aus der Zahl der „Befähigten die Lehrer der öffentlichen Volsschulen an.

§. 81. Die schwierigste und delikateste Aufgabe bei der neuen Schuleinrichtung ist wohl, das Verhältniß der Kirche zur Schule festzustellen. Die bisherige innige Verwachsung der Schule mit der Kirche, aus deren Schooße sie größtentheils hervorgegangen ist, kann nicht unberücksichtigt bleiben. Selbst das Volksbewußtsein möchte eine durchgehende völlige Trennung nicht überall gut heißen. Dennoch hat die Weisung des Art. 24., daß die konfessionellen Verhältnisse möglichst zu berücksichtigen seien, als dem Geiste der Verfassung widerstreitend, von manchen Seiten Mißbilligung erfahren. Doch ist jene hypothetische, bedingliche Weisung fließend genug, um sich jeder assertorischen Bestimmung zu fügen. Sie kann nur ansprechen als ein Hintergrund, worauf zu rekurriren ist, wo die in den Vordergrund tretenden festen Prinzipien Lücke und Spielraum lassen. Gewöhnlich bildet bei Erlaß neuer Gesetze das ältere diesen Hintergrund, der die Lücken des neuen ergänzend ausfüllt. Da dem neuen Schulgesetze jedoch kein älteres zu Grunde liegen wird, mochte es wohl zulässig sein, eine supplementäre, allgemeine Regel in diese Gesetzesgrundlage selbst als solchen Hintergrund aufzunehmen. Derselbe erscheint hier allerdings um so breiter und ausgedehnter, als in einem bloß die Hauptumrisse vorzeichnenden Grundgesetze die Lücken groß erscheinen müssen. Aber durch Art. 23, 24, 25 und ihre unmittelbaren Konsequenzen, kombinirt mit Art. 12, wird der Schule eine genügende Unabhängigkeit gesichert.

Ein Theil der Schulen wird allerdings in größerer Abhängigkeit von den Kirchen verbleiben müssen, weil diese in Besitz der wichtigsten Schulfonds sind, welche ihnen Art. 15 der Verfassung sichert. Aber gerade in Folge der hieraus resultirenden Verschiedenheit der Schulen wird am besten jede Ueberzeugung ihre Befriedigung finden. Mag diese Verschiedenheit auch ihr Unbequemes haben: sie ist im Rechte begründet und, um kein Gewissen zu verletzen, sogar nothwendig.

Sonach würden überhaupt folgende zwei Modalitäten der öffentlichen Schule sich darbieten:

§. 82. 1) Oeffentliche Volksschule schlechthin wäre jede von einer politischen Gemeinde gegründete und unterhaltene Schule. Obwohl dieselbe prinzipiell eine Simultanschule sein muß, würden nach Art. 24 Lehrer von der Konfession zu berufen sein, die in der Schulgemeinde überwiegend vertreten wäre, da denselben auch ein Antheil am Religionsunterrichte zu übertragen sein möchte. Dieser wäre natürlich auch hier von der betreffenden Religionsgesellschaft zu leiten, und sofern ein Lehrer an demselben Theil nähme, wäre er den kirchlichen Vorgesetzten, obwohl übrigens nur den Schulbehörden, subordinirt. Die Religionsstunden würden so gelegt werden müssen, daß Kinder, die nicht daran Theil nähmen, davon dispensirt werden könnten. Der Religionsunterricht wäre überhaupt von den übrigen Lektionsstunden scharf zu trennen.

Wie aber, wenn die Geistlichen sich weigern, in einer solchen Schule den Religionsunterricht zu ertheilen, ja ihr geradezu den Krieg erklären? — Nun, der Fanatismus ist auch fähig, dem

Staate selber den Krieg zu erklären, der ihn zum Dienste heraufbeschworen, und dieser mag dann mit dem Zauberlehrlinge klagen:

„Die ich rief, die Geister
Werd' ich nun nicht los."

§. 83. 2) Oeffentliche konfessionelle Schulen. Als solche sind diejenigen zu bezeichnen, die, durch kirchliche Fonds fundirt, mit Beihülfe der kirchlichen Schulgemeinden unterhalten werden. Mit dem Schulamte sind kirchliche Aemter verbunden und es ist bereits früher der vergebliche Versuch gemacht, die Fonds derselben von den Schulfonds zu trennen. Wozu sollte eine solche Trennung auch dienen? Die Schulfonds würden nicht weniger von der Kirche als ihr Eigenthum in Anspruch genommen werden, und nach Art. 15 der Verf. mit vollem Rechte.

Anderntheils könnten diese Schulen als öffentliche nicht ohne Beihülfe des Staats bestehen. Obwohl der nöthige Zuschuß ausschließlich von Mitgliedern der kirchlichen Gemeinde zu leisten wäre, könnte doch keinerlei Steuer ohne Konkurrenz des Staates obligatorisch sein, eben so wenig Schulbesuch u. s. w. Es liegt darum im Interesse der kirchlichen Schulen selbst, dem Staate die Mitleitung zuzugestehen und damit seine Theilnahme zu gewinnen, ohne welche sie in die Kategorie der Privatschulen herabsinken würden. Es ist überflüssig, hier die Frage aufzuwerfen, ob die Bildung solcher kirchlichen Privatschulen eventuell zu gestatten wäre. Obwohl die Kirchen in Besitz und Genuß auch ihrer Unterrichtsfonds bleiben sollen (Art. 25), hat der Staat bisher darüber ein Oberaufsichtsrecht behauptet und kann dem auch künftig schon darum nicht wohl entsagen, weil auch die Rechte derer zu wahren sind, die an der bestimmungsmäßigen Verwendung jener Fonds ein berechtigtes Interesse haben. Es möchte dabei in Betracht kommen, was Art. 25 der Verfassung über die Verpflichtungen Dritter sagt.

Nimmt man nun an, Kirche und Staat ständen zu diesen Schulen im Verhältnisse gleicher Berechtigung, so wird die Aufgabe sein, die beiderseitigen Interessen zu vereinigen.

§. 84. Wird eine solche Schule ein ausschließlich konfessionelle sein müssen? Schwerlich wird die Kirche auf diesen Anspruch verzichten, schon um nicht zu jener scharfen Abgränzung des Religionsunterrichts genöthigt zu sein. Eine solche Schule wäre also nur für die zu ihrer Unterhaltung verpflichteten Mitglieder

der kirchlichen Gemeinde eine öffentliche. Die Leitung würde den kirchlichen und Schulbehörden gemeinschaftlich zukommen. Bei Konflikten würde die Natur des betreffenden Unterrichts die Kompetenz bestimmen und würden solche endlich bei gemischten Behörden ihre Entscheidung finden.

§. 85. Uebrigens würde das Verhältniß der Lehrer zur Kirche noch weniger, als bei den Pastoren, ein Hinderniß sein, ihnen Pflichten und Rechte der Staatsdiener beizulegen, so daß sie also auch im Sinne des Art. 23 öffentliche Lehrer wären. Doch möchte noch zu bedingen sein, daß sie durch ihr Küsteramt nicht verpflichtet würden, persönlich Dienste zu verrichten, welche sie als solche kompromittiren könnten.

---

§. 86. Die Leitung des religiösen Unterrichts ist, wie billig, den betreffenden Religions-Gesellschaften anheimgegeben. In wie fern der Staat denselben zu überwachen habe, ist bereits §. 79 erörtert.

---

§. 87. Soll die Gemeinde die äußern Angelegenheiten der Schule leiten und sich an der Wahl der Lehrer betheiligen, so muß sie dazu ein Organ haben, welches wirklich ihr Organ, d. h. frei gewählt ist (§. 78).

---

§. 88. Art und Maß der Betheiligung der Gemeinden bei Anstellung der Lehrer wird gesetzlicher Anordnung vorbehalten. Da die Gemeinden die Schulen zu errichten und zu unterhalten haben, so darf man annehmen, daß jene Betheiligung nicht weiter beschränkt werden soll, als Rücksicht auf das Wohl der Schule es rathsam erscheinen läßt. Vorausgesetzt, daß das Fortkommen der Lehrer künftig nicht mehr vom Stellenwechsel abhangen werde (§. 99 ꝛc.), könnte jene Betheiligung schon unbedenklich eine bedeutendere sein. Die Mitwirkung der Schulbehörde würde sich dann etwa nur noch darauf zu richten haben, daß Anciennität und Qualifikation der Schulamtskandidaten die gebührende Berücksichtigung fände.

§. 89. Allen Rücksichten und Ansprüchen möchte dadurch

genügt werden, daß die Schulbehörde nach Maßgabe der Anciennität und der Zeugnisse die Liste der Wählbaren aufstellte, welche, wenn sich's um öffentliche konfessionelle Schulen handelte, die betr. kirchliche Behörde nach Gutbefinden bis auf die Hälfte reduziren könnte. Unter den Designirten, deren (wenn überhaupt so viel Bewerber vorhanden) wenigstens drei bleiben müßten, würde, nach abgehaltenen Probelektionen, der Schulvorstand, bei konfessionellen Schulen nach Zutritt des kirchlichen Vorstandes mit gleich viel Stimmen, zu wählen haben.

Fünftes Kapitel.

„Art. 25. Die Mittel zur Errichtung, Unterhaltung, „und Erweiterung der öffentlichen Volksschule werden von „den Gemeinden und, im Falle des nachgewiesenen Unvermögens, ergänzungsweise vom Staate aufgebracht. Die „auf besondern Rechtstiteln beruhenden Verpflichtungen Dritter bleiben bestehen.

„Der Staat gewährleistet demnach den Volksschullehrern „ein festes, den Lokalverhältnissen angemessenes Einkommen.

„In der öffentlichen Volksschule wird der Unterricht unentgeltlich ertheilt.

§. 90. Zur Aufbringung der Mittel zur Errichtung und Unterhaltung der Volksschule sollte, wie es scheint, das Interesse an der Bildung der Jugend in dem Verhältnisse in Anspruch genommen werden, als es ein naheliegendes und dringendes ist oder sein sollte. Das größte Interesse ist natürlich denen zuzumuthen, welche sie unmittelbar benutzen. Es könnte sonach unbillig erscheinen, daß diese Benutzung durch keine entsprechende Verpflichtung bedingt sein, daß der Unterricht unentgeltlich ertheilt werden soll.

Wo aber irgend ein gemeinsames Interesse auf einen Zweck hinweiset, der nur durch das Zusammenwirken Vieler, durch Bildung einer Korporation erreichbar ist, da haftet jeder Einzelne solidarisch für die Herbeischaffung der Mittel zu jenem gemeinschaftlichen Zwecke. Ist der sich ergebende Nutzen dann ein Abgegränztes, Theilbares, so wird billig der Antheil eines Jeden nach Maßgabe seiner Leistungen bestimmt. Dahin gehört aber nicht der Nutzen der allgemeinen Jugendbildung. Doch ist im Allgemeinen der materielle Vortheil der Einzelnen nach Verhältniß ihres Vermögens und ihrer Beitragspflichtigkeit auch ein großer; denn es ist anzunehmen, daß sie in demselben Verhältnisse vielfach fremder Dienste bedürfen und für die öffentliche Sicherheit interessirt sind; der Werth jener Dienste wird aber durch Bildung der Jugend erhöhet, diese Sicherheit wird dadurch mehr verbürgt. Billig ist es daher, daß Alle nach ihrem Vermögen beisteuern. Der Arme, welcher seine Kinder zur Schule schickt, leistet schon unverhältnißmäßig viel, indem er sie in der Arbeit entbehrt.

§. 91. Doch diese vereinzelten, persönlichen Interessen kommen überhaupt nur beiläufig in Betracht. Die leitende Intention der Verf., welche die Unterhaltung der Volksschule zu einer gemeinsamen Verpflichtung macht, muß als eine höhere aufgefaßt werden.

Das erste Bedürfniß, was Menschen zu der festen, durch Gesetz geheiligten Verbindung des Staates vereinigt, ist allerdings das der Sicherheit und des materiellen Wohlseins. Bei fortgeschrittener Kultur muß man aber erkennen, daß Beides erhöhet wird durch Verbreitung der Intelligenz, und der Staat übernimmt die Sorge für die Schulen als M i t t e l zur Beförderung seiner Macht und Wohlfahrt. Endlich aber muß derselbe zu der Stufe fortschreiten, da er jene Förderung und Verbreitung der Intelligenz als einen seiner wichtigsten Z w e c k e, als Zweck an sich aufnimmt, der sein Interesse nicht weniger beansprucht, als Sicherheit und materielle Wohlfahrt: und damit erlangt die Volksschule erst die ihr gebührende, hohe Stellung im Staate.

§. 92. Doch schon auf der zweiten jener Stufen ist sie aus dem Gesichtspunkte zu betrachten, daß sie dem Staatsinteresse diene und daher jeder Staatsbürger nach seiner Leistungsfähigkeit dazu beizutragen habe, so gut, wie zur Wehrkraft, Justiz-Verwaltung u. s. w. — Daß die Verfassung die Unterhaltung der Schulen zunächst den Gemeinden auferlegt, widerspricht jener leitenden Idee nicht. Auch für den Unterhalt der Verwaltung werden zunächst diejenigen Gemeinden in Anspruch genommen, welchen dieselbe unmittelbar zu Gute kommt. Dennoch ist die Verwaltung einer der wichtigsten Zwecke des Staats; sie steht daher unter dessen Leitung und die Verwaltungsbeamten sind nicht nur Gemeinde-, sondern auch Staatsbeamte, wie die Verfassung in ähnlichem Sinne den öffentlichen Lehrern Rechte und Pflichten der Staatsdiener beilegt.

§. 93. Die angemessene Bildung der Schulgemeinden möchte aber eine besondere Sorgfalt erfordern; denn sie allein kann ohne Ueberbürdung einzelner Gemeinden ein gleichmäßig auskömmliches Gehalt der Lehrer ermöglichen. Ist Unterhaltung der Schule als eine Obliegenheit des Gemein-Interesses anzusehen, so muß auf angemessene Vertheilung derselben möglichst Bedacht genommen werden.

Es wäre daher bei Bildung der Schulgemeinden sowohl Einwohnerzahl, als Steuerfähigkeit derselben zu berücksichtigen. Je minder wohlhabend eine Gemeinde, um so mehr wäre darauf zu halten, daß ihren Lehrern so viel Kinder zuertheilt würden, als sie irgend übersehen könnten. Es ist bereits bemerkt (§. 34), daß bei angemessener Klassen-Eintheilung der Lehrer eine weit größere Zahl Kinder zu beschäftigen vermag, und man darf annehmen, daß jede Klasse bis 100 Kinder umfassen, daß somit der Lehrer einer Gemeinschule (§. 35) im Ganzen bis 200 Kinder unterrichten kann. Somit käme auf etwa 1000 Einwohner*) Ein Lehrer, und sonach wären dürftigere Schulgemeinden, wenn möglich, zu c. 1000 (für zweiklassige Schulen und Einen Lehrer), oder zu c. 2000 Seelen (für vierklassige Schulen und zwei Lehrer) zu konstituiren.

§. 94. Nur an den für Schulinspektoren, Fortbildungsschulen oder halbinvalide Lehrer bestimmten Orten wären (unter

*) In der Regel kommen wol etwas mehr als 1000 Einwohner auf 200 Schulkinder; es ist aber Zuwachs zu berücksichtigen. Eine periodische Umänderung der Schulgemeinden könnte dabei noch nöthig sein. Auch diese würde erleichtert, wenn nicht die Gemeinde, sondern der Staat die Volksschule unterhielte (§. 100 Anm.).

den später zu erörternden Bedingungen (§. 112) Schulgemeinden von 1500 Seelen (mit dreiklassigen Schulen und zwei Lehrern) wünschenswerth (§. 35. 38. 76). Weiset obiges Verhältniß auf ein Maximum hin, würde es nur für ärmere Gemeinden maßgebend sein, indeß in Verhältniß der Steuerkraft eine Vermehrung der Lehrer znlässig sein möchte.

§. 95. Manchem könnte jedoch die Freiheit, sich seine Schulgemeinde zu wählen, wünschenswerth erscheinen. Aber eine solche Konzession wäre, weil sie nur wenigen, mehren Schulen nahe Wohnenden, zu Gute käme, so gut wie keine und würde nur zu selbstsüchtiger Bevorzugung der Schulen, die am wenigsten Kosten in Aussicht stellten, verführen. Ein skrupulöses Gewissen wird auch Opfer nicht scheuen, und da steht ihm die schon jetzt bewilligte Schulfreiheit und Privatschule zu Gebote.

---

§. 96. „Der Staat gewährleistet demnach den Volksschullehrern ein festes, den Lokalverhältnissen angemessenes Einkommen."

Es ist bereits §. 74 darauf hingewiesen, wie Stellung und Ansprüche der Lehrer mit den Forderungen, welche unsre Zeit an sie macht, in Verhältniß stehen müssen. Sofern die Stellung eines Bediensteten im Staate nicht durch sein Amt selbst bestimmt ist, muß sie ermessen werden nach der Wichtigkeit seiner Leistung und der zu dieser Leistung nöthigen Ausbildung (§. 10). In dem Maße also, als der neue Staat jene mehr anerkannt und diese gehoben wünscht, kann er dem Volkslehrer eine bessere Stellung nicht versagen. Es spricht sich leicht vom bequemen Sitze herab: Der Lehrer soll sich „in Selbstverleugnung und um Gottes willen der heranwachsenden Jugend in Liebe anzunehmen Lust, Beruf und Befähigung haben" (Regulative S. 48). Eine seltsame Zumuthung, wenn man sie an einen ganzen Stand richtet! Gewiß haben seltene Menschen durch Opferfähigkeit Großes geleistet, aber ein wohlgeordneter Staat wird nicht Besetzung der wichtigsten Aemter von der Bereitwilligkeit zur Selbstverleugnung und Entsagung abhängig machen.

§. 97. Die Besoldung der Volkslehrer ist bei Vertheuerung aller Lebensbedürfnisse im Ganzen eher gesunken als gehoben; denn unbedeutende Nachhülfen haben schwerlich hingereicht, den

Abschlag (durch Theilung der Stellen, Entziehung der Steuerfreiheit u. s. w.) zu kompensiren.

Die üblen Folgen werden mehr und mehr sichtbar. Widmeten sich früher oft Söhne aus gebildeten Familien dem Lehrerstande; folgten namentlich Lehrersöhne gern dem Berufe des Vaters, so hört das mehr und mehr auf. Fast nur noch Söhne der niederen Stände, die sich hinter dem vornehmen Rocke ein Schlaraffenleben träumen, streben zu dem gehofften Paradiese empor. Nun ist zwar anzuerkennen, daß viele Männer, die sich durch eigene Kraft und eigenen Trieb aus der niederen Volkssphäre emporgearbeitet, zu den edelsten und besten zählen, da sie, durch und durch gediegen, Alles sich selbst verdanken. Aber aus ungebildetem Stande durch fremde Willkür höherer Ausbildung zugedrängt, wird man schwer den Vorsprung überholen, den eine bessere Erziehung gewährt.

§. 98. Aber noch bedenklicher ist es, wenn die in neuerer Zeit häufig entstandenen sogenannten Rauhen Häuser das defekte Lehrerpersonal rekrutiren müssen. — Man braucht wahrlich gegen die religiöse Richtung, welcher dieselben ihre Entstehung verdanken, nicht vorab eingenommen zu sein, um gegen das ganze Institut schwere Bedenken zu hegen. Schon gegen die Einrichtung von Waisenhäusern macht man den nicht unwichtigen Einwand geltend, daß sie die Vortheile einer Familienerziehung nicht zu ersetzen vermögen. Aber geradezu verderblich werden muß das Zusammenhäufen verwahrloseter Kinder, deren allgemeine frühe Verderbniß solche Häuser mit ihrem Miasma dermaßen erfüllt, daß ihm schwerlich selbst das Gesunde entgeht. Ein forcirtes frommes Gebahren, sei es auch vom wohlmeinendsten Eifer aufgedrungen, kann das Uebel nur verinnerlichen. Erfährt man aber noch, wie triumphirende Heuchelei, begünstigte Angeberei, unkindliches Mißtrauen solche Anstalten wie böse Geister durchschleichen, so kann man nichts empfinden, als — Grauen.

Und das sind die Pflanzschulen künftiger Volkslehrer!

Es ist wahrlich nicht rathsam, eine Frage leicht abzufertigen, welche die Wurzel des ganzen Volkslebens so nahe berührt.

Will man aber die Schule nicht tiefer sinken lassen, statt sie zu heben, muß man damit beginnen, die Stellung der Lehrer wirksam zu verbessern.

§. 99. Bei Ermittelung des zugesicherten, den Lokal-Verhältnissen angemessenen Einkommens möchten folgende Grundsätze festzuhalten sein:

1. Die Bestimmung dessen, was den Lokalverhältnissen nach angemessenes Auskommen sei, darf nicht willkürlichem Ermessen überlassen, es muß vielmehr eine überall gültige Norm dafür gefunden werden. Unbestimmtheit ist hier höchst nachtheilig; sie begünstigt Kargen auf der einen, Unzufriedenheit auf der andern Seite und führt zu den schädlichsten Zwistigkeiten zwischen Lehrern und Schulgemeinden.
2. Jene Norm darf nicht eine Geldsumme als Minimum festsetzen, auch nicht als spätere Zulage, weil ja eben auf die Lokalverhältnisse Rücksicht zu nehmen ist, auch erfahrungsmäßig der Geldwerth in seinem Verhältnisse zu den Realien fortwährend sinkt.
3. Die zu berücksichtigenden Lokalverhältnisse möchten von zweierlei Art sein:
   a) Als stehend kann angenommen werden das Verhältniß zwischen Land und Stadt;
   b) Verschieden und veränderlich sind die sonstigen örtlichen Verhältnisse, welche den höheren oder geringeren Preis der Subsistenzmittel bedingen.

§. 100. Als jene Norm wäre zunächst irgend eine Einkommen-Quote zu ermitteln, die sich leicht und sicher für jeden Ort feststellen ließe und den zu berücksichtigenden Verhältnissen stätig folgte.

Hat man dabei hauptsächlich gleichmäßige Vertheilung der Schulsteuer im Auge, so wäre das Einfachste, für jede Schulgemeinde den gleichen Bruchtheil der von ihr zu zahlenden direkten Steuern als ihre Quote festzusetzen. Im Ganzen möchte diese Quote auch den Lokalverhältnissen entsprechen; denn man kann im Durchschnitt annehmen, daß in den gewerbreichsten Gegenden, welche die meisten Steuern bezahlen, auch die Subsistenzmittel am theuersten sind.

Es würde dieser Modus aber eine zu große Ungleichheit der Lehrergehälter ergeben, welche zu vermeiden ist, so lange man trachten muß, daß jeder Lehrer nur erst so viel erhalte, als er nothwendig bedarf.*)

---

*) Sollte einmal Gleichmäßigkeit der Schulsteuer überall durchgeführt werden,

Hierauf möchte also bei Ermittelung jener Quote zuerst Bedacht zu nehmen, zugleich aber der Ueberbürdung einzelner Schulgemeinden vorzubeugen sein.

§. 101. Sämmtliche Subsistenzmittel eines Orts in Taxe zu bringen, wäre ein zu verwickeltes Verfahren, um irgend Sicherheit zu versprechen. Es sind nur diejenigen herauszuheben, deren Taxwerth feststeht und zugleich als Skala für den Preis der übrigen zu betrachten ist. Als solche empfehlen sich zunächst die nothwendigsten Getreidearten. Freilich hat die Erleichterung des Transports die Preisdifferenz sehr ausgeglichen, und nur die geringeren, bei denen die Transportkosten schon mehr in Betracht kommen (Roggen, noch mehr Kartoffeln) möchten namentlich gleich nach der Erndte (im Oktober) auch schon darum zu berücksichtigen sein, weil sie eine solide, sichere Grundlage jener Quote versprechen. Als zweite Skala, an der gewöhnlich das Preisverhältniß der Subsistenzmittel im Allgemeinen sich ziemlich sicher abmessen läßt, möchte das ortsübliche Tagelohn dienen können, und so böten sich zur Bestimmung jener Quote, die wohl ohne Bedenken als für einen ganzen Kreis gültig festgestellt werden könnte, folgende drei Summanden dar:

1. Preis eines Scheffels Roggen im Oktober nach zehnjährigem Durchschnitte.
2. Desgleichen von 3 Scheffeln Kartoffeln.
3. Wochenlohn eines Tagelöhners bei täglich zwölfstündiger Arbeit und eigener Kost.

Stellte sich jeder der drei Summanden für einen Kreis z. B. auf 2 Thlr., so würden sie für denselben eine Quote von 6 Thlrn. ergeben.

§. 102. Wie aber ein zehnjähriger Durchschnitt angenommen ist, würde der Betrag der Quote alle zehn Jahre einer Revision zu unterwerfen sein, wodurch der Gefahr vorgebeugt würde, daß das Einkommen der Volkslehrer zu weit hinter dem Preise der Existenzmittel zurückbliebe. Dies ist bei dem schnellen Aufschwunge der vaterländischen Industrie, die bald auch englische Preise zur Folge haben wird, wohl zu berücksichtigen.

---

so würde dieselbe am besten in eine Staatssteuer verwandelt, was allerdings dem oben entwickelten Prinzipe (§. 91. 92) am gemäßesten wäre und auch sonst Vieles für sich hätte. Aber die Verfassung will es nun einmal anders.

Mag nun obiger Modus auch nicht immer eine den Lokalverhältnissen haarscharf entsprechende Quote ergeben — und welcher vermöchte das? — verspricht er doch in dieser Rücksicht das Mögliche und — was besonders wichtig ist — gewährt eine allem Streite enthobene Sicherheit und schneidet alle Willkür ab.

§. 103. Die so normirte Quote zu Grunde gelegt, bliebe ferner zu ermitteln:

1) Auf wie viel Quoten ist das Minimum des Gehalts eines Lehrers auf dem Lande zu fixiren?

2) Welches Verhältniß ist anzunehmen zwischen Land und Stadt?

3) Welche Gehaltsverbesserung ist ihm nach Maßgabe der Dienstjahre zu bewilligen?

Bei Beantwortung dieser Fragen sind feste Anhaltspunkte schwer zu finden. Die Umstände rathen nur zu sehr an, nicht zu hoch zu greifen; ja man wird selbst hinter dem, was man für angemessen halten möchte, zurückbleiben müssen. Wenn aber ein gemeiner Arbeiter im Bau-, Maschinen- oder Bergfache, je nach seiner Tüchtigkeit, 150 bis 300 Thlr. und darüber verdient, so möchte es doch nicht schicklich sein, daß ein Volkslehrer einem solchen nachstände. Man möchte daher wol nicht zu viel beanspruchen, wenn man das anfängliche Gehalt des Lehrers auf 30 jener Quoten bestimmte, die nur ausnahmsweise, in besonders dürftigen und kleinen Schulgemeinden, auf 25 herabzusetzen wären. Doch möchte auch diese Herabsetzung nicht der Willkür zu unterwerfen, sondern etwa nur für den Fall zuläßig sein, daß für eine Gemeinde die Schulabgaben sonst die Hälfte der von ihr zu zahlenden direkten Staatssteuern übersteigen würden. Wäre dies auch nach der Herabsetzung noch der Fall, dürfte die Art. 25 verheißene Staatsunterstützung zu beanspruchen sein.

§. 104. Das Verhältniß des Einkommens der Lehrer auf dem Lande zu dem der Lehrer in der Stadt stellt sich in Preußen, dem Königr. Sachsen und den Sächs. Herzogthümern ungefähr wie 3 zu 4.*) In Betracht, daß das Stadtleben an sich mehr Ausgaben veranlaßt, auch vom Stadtlehrer ein weltgerechteres Auftreten erwartet wird, möchte jenes Verhältniß wohl angemessen

*) S. Ad. Diesterweg's Pädagog. Jahrbuch für 1860, in Commission bei Wilh. Baensch in Leipzig, S. 109 f. S. 119.

sein. Demnach würde sich für die letztern ein Minimum von 40 Quoten ergeben, die nur in dem §. 103 bezeichneten Falle auf 35 herabsinken dürften. Den Rektoren der höheren Volksschulen möchten mindestens 60 Quoten, den übrigen Lehrern der Vollschulen 50 Quoten als Minimum zu bewilligen sein (§. 36).

§. 105. Bei jenem Minimum wäre die Wohnung, die selbstverständlich frei sein muß, nicht, von Schulländereien nur was über 6 Scheffelsaat (die zur Unterhaltung einer auf dem Lande so unentbehrlichen Kuh erforderlich) vorhanden, nach dem Miethsertrage, sonstige Realien nach der Taxe anzurechnen.

§. 106. Wäre mit dem Schulamte noch ein kirchliches Amt verbunden, so kämen die kirchlichen Einkünfte nicht an dem von der Gemeinde zu zahlenden Minimum in Abzug; denn da die ganze Parochie an das kirchliche Vermögen gleichen Anspruch hat, würde sonst, wo dieselbe mehre Schulen umfaßt, die Gemeinde der kirchlichen Schule einen ihr nicht gebührenden Vorzug haben. Auch würde die Auseinandersetzung schwer sein zwischen dem, was von jenen Einkünften für den Kirchendienst und was für den Schuldienst bestimmt sein möchte. — Da jedoch ein solcher Lehrer gleich anfänglich besser gestellt ist, kann der Zuwachs seines Gehalts ein geringerer sein (§. 110). —

§. 107. Jenes Minimum nun würde 20 Jahre lang jedes Jahr, bei genügendem Zustande der Schule, um Eine Quote fortschreiten; doch würde dieser Zuwachs nicht aus der Gemeinde-, sondern aus der Kreis-Schulkasse zu zahlen sein, damit kein Lehrer seiner Gemeinde durch langes Leben zur Last würde. Dies möchte der Bestimmung der Verfassung, daß die Mittel zur Unterhaltung der Schule von den Gemeinden zu tragen sind, nicht widersprechen, da ja nur ein Komplex von Gemeinden, der als solcher durch seine Deputirten am Kreistage vertreten ist, im eignen Interesse jene Verpflichtung solidarisch übernimmt. Eine Erweiterung jenes Komplexes über den ganzen Regierungsbezirk würde, als eine vollständigere Ausgleichung versprechend, vielleicht noch vorzuziehen sein, wenn nicht ein Theil der Gemeinden wegen Ungleichheit der Quoten sich beschwert fühlen möchte.

§. 108. Auch die höheren Volks- und städtischen Schulen könnten, da der Fortschritt der Jahreszulage überall derselbe bliebe, jenem Komplexe beitreten; nur wäre für jeden Lehrer einer Vollschule (§. 26) die Hälfte dieses Zuwachses von der Gemeinde zu zahlen, da ein solcher durchschnittlich nur halb so viel Kinder unterrichten könnte, als die übrigen.

§. 109. Auch die 20 Quoten, welche den Schul-Inspektoren als Büreaukosten und Reisediäten zu zahlen sein möchten, so wie die Pensionen (§. 80) würden aus dem Kreisschulfonds zu bestreiten sein.

§. 110. Lehrer kirchlicher Schulen würden sich dagegen, falls ihre kirchlichen Einkünfte den Betrag von 20 Quoten überstiegen, mit der Jahreszulage einer halben Quote zu begnügen haben (§. 106).

§. 111. Jener Zuwachs würde überhaupt für das Jahr, da eine Schule von der Inspektions-Kommission (§. 77) und der obern Schulbehörde als vernachlässigt befunden wäre, für den betreffenden Lehrer zessiren.

§. 112. Am meisten beschwert würde eine Gemeinde sein, deren Kinderzahl eine dreiklassige Schule und somit zwei Lehrer nöthig machte, wenn sie deren Minimum allein aufbringen sollte. Da aber an solchen Schulen vorzugsweise halbinvalide Lehrer, Schul-Inspektoren und solche Lehrer erster Klasse, denen Zeit gelassen werden sollte, Fortbildungsschulen zu errichten (§. 38), mit Uebertragung Einer Klasse anzustellen wären (§. 94); so würde es wünschenswerth sein, daß einer solchen Schulgemeinde die Hälfte des Minimums für Einen Lehrer aus dem Kreisschulfonds unter der Bedingung bewilligt würde, daß sie auf ihre Betheiligung an der Wahl desselben verzichtete. Jener Fonds könnte darum wohl dafür in Anspruch genommen werden, weil die genannten Zwecke über das Interesse Einer Gemeinde hinausreichen.

§. 113. Es bliebe noch übrig, um vielen ärgerlichen Zwistigkeiten vorzubeugen, auch für die Schulheizung eine feste Quote zu bestimmen. Es könnte dieselbe bei der Werthverschiedenheit alles übrigen Brennmaterials nur durch ein Holz-Quantum bestimmt werden, so daß etwa zur halbtägigen Heizung eines Schulofens ein Klafter (108 Kubikfuß) stämmiges Buchenholz oder dessen Aequivalent als Heiz-Quote bewilligt würde. Ein gleiches Quantum guter Torf oder 10 Scheffel gute Steinkohle möchte als Aequivalent gelten können. Natürlich wäre Transport, bei Holz auch Verkleinerung mit in Anschlag zu bringen.

§. 114. Es bleibt endlich noch zu erwägen, welche Vorzüge den Lehrern erster Klasse (§. 56.) zuzuweisen wären.

Selbstverständlich wären sie allein qualifizirt, zu Schulinspektoren und ersten Lehrern der höheren Volksschulen (Rektoren) ernannt zu werden. Ueberhaupt würden sie an Vollschulen (§. 36.) vorzugsweise anzustellen sein. Ferner wären sie allein zur Errichtung einer Fortbildungsschule befähigt, und wenn auch die Schulbehörde solche nicht auf direktem Wege anordnen könnte, vielmehr die Beschaffung der Mittel anderen Ressorts anheim geben müßte, würde sie doch solche bereitwillig begünstigen (§§. 38. 112.) — Endlich dürfte den Schulamtskandidaten erster Klasse in Betracht ihres längeren Kursus noch der Vorzug zu vergönnen sein, daß ihnen ihre Anciennität denen zweiter Klasse gegenüber doppelt angerechnet würde.

§. 115. Die obigen Vorschläge können sich nun freilich an keinerlei Erfahrung anlehnen — welche könnten dies bei einer völlig neu zu schaffenden Einrichtung? — Sie werden daher ihre Rechtfertigung in den Vortheilen, die sie versprechen, suchen müssen. Als solche Vortheile möchten folgende namhaft zu machen sein:

1) Der aufgestellte Plan erfüllt durch einfachen und der Willkür möglichst entzogenen Modus die Zusicherung eines den Lokalverhältnissen angemessenen Einkommens.

2) Kein Lehrer brauchte wegen Unsicherheit künftiger Beförderung (die bei Betheiligung der Gemeinden an der Wahl noch bedeutend vermehrt würde) mit Sorge in die Zukunft zu blicken.

3) Aelteren und schwächlicheren Lehrern könnte durch Versetzung an Schulen, die ihre Kräfte minder in Anspruch nähmen (§. 112.), Erleichterung verschafft werden, ohne daß ihrem Einkommen Abbruch geschähe, indeß bisher erhöhtes Einkommen meist durch vermehrte Arbeit bedingt war.

4) Indem der jährliche Zuwachs des Gehalts an die Bedingung eines genügenden Zustandes der Schule geknüpft wäre, würde dies ein beständiger Sporn für die Lehrer sein. Gewiß wird ein gewissenhafter Lehrer auch ohne das seine Pflicht thun; aber darum einen solchen Sporn für seiner unwürdig erklären, wäre hochklingende Phrase. Sind die Lehrer mehr, als Menschen? Und ist für die weniger gewissenhaften eine allzeit drohende Strafe nicht jedenfalls ein nützlicher Sporn?

5) Das jährliche, allmälige Anwachsen des Gehalts ist einer plötzlichen, bedeutenden Erhöhung vorzuziehen, ja selbst einem

Zuwachse von 5 zu 5 Jahren, wie manche Städte ihn bewilligt. Ein plötzlicher, bedeutender Zuwachs des Einkommens gestattet eine Erhöhung der Ausgaben, deren Maß wenig Menschen richtig zu treffen wissen, es gewöhnlich zu hoch anschlagend. Daher die häufige Erscheinung, daß Beamte nach plötzlicher, bedeutender Gehaltserhöhung noch weniger auskommen, als vorher. Jener geringe jährliche Zuwachs veranlaßt jedoch keine sanguinische Ueberschätzungen, indem er zugleich dem allmäligen Anwachsen der Familie und ihrer Ansprüche gemäß ist.

6) Es ist schon erwähnt (§. 99.), daß die Reduktion des Lehrergehalts auf Realien nothwendig ist, wenn dieses auch bei fortdauerndem Herabsinken des Geldwerths genügend bleiben soll. Dies Herabsinken ist in letzter Zeit so bedeutend gewesen, daß ein in Gelde fixirtes Gehalt, welches vor 20 Jahren ein auskömmliches war, es nicht mehr ist. Ein Gesetz aber muß doch wohl auf eine längere Dauer eingerichtet sein.

§. 116. Nach früherem Anschlage (§. 93.) würde in ärmeren Distrikten auf circa 1000 Seelen ein Lehrer nöthig sein. Aber auch das unvermeidliche Schwanken in diesem Verhältnisse in Anschlag gebracht, würde auf 1000 Seelen an Besoldung der Lehrer und Schulinspektoren und Pension, bei Sukkurs der kirchlichen Schulen und Schulfonds höchstens 250 Thaler zu zahlen sein, also pro Kopf 7½ Sgr. — Es wäre das jedenfalls ein verhältnißmäßig geringes Opfer, welches das Volk seinen höchsten und heiligsten Interessen brächte. Allerdings wird den Gemeinden eine neue Last aufgebürdet, und alles Ungewohnte erregt Beschwerde. Wenn aber bisher oft ein armer Taglöhner, der drei oder vier Kinder zur Schule schickte, mehr zum Lehrergehalte beitrug, als die Begütertsten, so folgt daraus, daß bei allgemeiner und der Leistungsfähigkeit eines Jeden angemessener Vertheilung dieser Last, jenes Gehalt um ein Bedeutendes erhöht werden kann, indeß dennoch wirklicher, wenn auch nur partieller Druck mehr abgestellt, als auferlegt wird. — Klagen und Reklamationen beschränkter Selbstsucht werden freilich nicht ausbleiben, würde den Lehrern ihr Gehalt nun kleiner oder größer zugemessen.

Sechstes Kapitel.

Die folgende Zusammenstellung der gewonnenen Resultate beansprucht weiter nichts, als dieselben zu einem übersichtlichen, geordneten Ganzen zu verknüpfen und zu vervollständigen.

Allgemeine Grundsätze.

Der Staat erkennt es als einen seiner wichtigsten Zwecke, Intelligenz, so wie geistige und sittliche Bildung in seinem Gebiete zu befördern und zu verbreiten (§. 91.).

Darum ist die Volksschule Staatsanstalt und die Volkslehrer haben Pflichten und Rechte der Staatsdiener (Art. 23.).

Demgemäß ist jeder Staatsbürger gebunden, einer Schulgemeinde anzugehören und nach Maßgabe seiner direkten Staatsabgaben zu den Bedürfnissen der von ihr unterhaltenen Volksschule beizutragen (§. 92.).

Auch dürfen Eltern und deren Stellvertreter ihre Kinder oder Pflegebefohlenen nicht ohne den Unterricht lassen, welcher für die öffentlichen Volksschulen vorgeschrieben ist (Art. 21.) und in denselben unentgeltlich ertheilt wird (Art. 25.). Sie sind, wofern sie nicht anderweitig dafür Sorge tragen, polizeilich dazu anzuhalten, die Kinder diese regelmäßig besuchen zu lassen. Die Schulpflichtigkeit derselben dauert vom vollendeten siebenten (§. 31.) bis zum vollendeten vierzehnten Jahre (§. 47.).

Der Schule ist ihr Zweck und ihre Bestimmung vorzuzeichnen. Uebrigens ist sie mit den Mitteln einer freien, selbständigen Fortentwicklung in der vorgeschriebenen Richtung auszustatten und darin nicht zu beschränken (§§. 7. 8. 12. 14. 26. 28.).

Der religiöse Unterricht ist von der Volksschule als Staatsanstalt getrennt zu betrachten, ohne daß das Bestehen konfessioneller Schulen ausgeschlossen wäre (§. 81 ff.). Bei der Einrichtung der öffentlichen Volksschulen sind die konfessionellen Verhältnisse möglichst zu berücksichtigen (Art. 24. §. 81.). Es sind an denselben Lehrer von der Konfession, welcher die Mehrheit in der Schulgemeinde angehört, anzustellen, und so weit dieselben am Religionsunterrichte Theil nehmen, sind sie den kirchlichen Behörden subordinirt (§. 82.). — Kein Kind darf ohne Religionsunterricht bleiben (§. 51.).

Arten der Volksschulen.

Die Volksschulen sind einzutheilen:

1) Nach ihrem Umfange in niedere (Gemeinschulen) und höhere (§§. 35. 36.). Jene sind Halbtagsschulen (§. 33.), diese sind aus einer Halbtagsschule und Vollschule (mit zweimaligem täglichen Unterrichte) in der Art kombinirt, daß die Kinder in der Regel bis zum vollendeten zehnten Jahre die erstere besuchen (§. 32.). Beide Arten von Schulen sind in eine angemessene Anzahl von Klassen zu theilen, auf deren jede durchschnittlich nicht über hundert Kinder zu rechnen sind (§§. 34. 93.). In der Gemeinschule ist ein achtjähriger, in der höheren Bürgerschule ein neunjähriger unentgeltlicher Unterricht freizugeben. — Angemessene Mittelstufen und Fortbildungen der Volksschule sind durch diese Eintheilung überall nicht ausgeschlossen.

2) Nach ihrer Modalität in öffentliche Volksschulen und öffentliche konfessionelle Schulen. Jene (§. 82.) von der politischen Gemeinde errichtet und unterhalten, sind allen Konfessionen zugänglich, weshalb der Religionsunterricht in ihnen scharf abgegränzt und so gelegt ist, daß davon bequem dispensirt werden kann; auch darf in ihnen sonst nichts gelehrt werden, was irgend eine berechtigte Ueberzeugung verletzen könnte (§. 50.). — Die letztgenannten Schulen (§. 83.) dagegen sind durch kirchliches Vermögen fundirt und ihre Benutzung steht ausschließlich den Mitgliedern der betreffenden kirchlichen Gemeinde zu, die zu ihrer Unterhaltung verpflichtet sind (§. 81.).

Es ist den Eltern u. s. w. nicht verwehrt, die Kinder in die Schule einer andern Schulgemeinde zu schicken; doch wenn ein Kind nicht im Bezirke derselben wohnt, hängt dessen Zulassung von Bewilligung des betreffenden Schulvorstandes ab (§. 49.).

Auch bleibt es den Eltern u. s. w. überlassen, den Kindern in Privatschulen den vorgeschriebenen Unterricht ertheilen zu lassen (§. 52.). Solchen zu ertheilen, so wie Unterrichts-Anstalten zu gründen und zu leiten steht Jedem frei, wenn er seine sittliche, wissenschaftliche und technische Befähigung den betreffenden Staatsbehörden nachgewiesen hat (Art. 22.).

Die Fortbildungsschulen (Ackerbau=, Handwerkerschulen u. s. w.) sind zwar, als von anderen Ressorts abhängig, von den Schulbehörden nicht unmittelbar zu gründen, wohl aber möglichst zu begünstigen.

Vom Unterrichte in den öffentlichen Volksschulen.

(§. 27. 28.)

Der Unterricht in der Volksschule hat nicht nur Mittheilung der zu Leben und Beruf nöthigen Kenntnisse und Fertigkeiten zum Zwecke, sondern auch Begründung der jedem Menschen und Staatsbürger zustehenden selbstständigen geistigen und sittlichen Bildung. (§. 13. 20. 25.) Derselbe darf daher weder zu einem mechanischen Anlernen herabsinken, noch darf er irgend einer Parteirichtung dienstbar gemacht werden. (§. 9. 16. 18. 20. 26. 27.)

Für alle Unterrichtsgegenstände ist ein näheres und ein ferneres Ziel aufzustellen, jenes für die niedre, dieses für die höhere Volksschule (§. 39.); doch überall sind dieselben auf den höheren Zweck — selbstständige geistige Bildung — hinzulenken.

Es gehört dahin:

1) Das Lesen. In der Gemeinschule muß außer Erlangung der mechanischen Fertigkeit das Verständniß des Gelesenen Hauptzweck sein. In der Vollschule (§. 36.) wird es hauptsächlich Mittel zur Erweiterung der Kenntnisse. (§. 40.)

2) Das Schreiben. In der Gemeinschule muß, außer Erlangung der mechanischen Fertigkeit, deren Gebrauch zur Mittheilung der Gedanken Hauptzweck bleiben. In der Vollschule wird außerdem Rücksicht auf Richtigkeit und Schönheit der Form (Orthographie, Styl) in den Vordergrund treten. (§. 41.)

3) Zahlen= und Größenlehre. Die Gemeinschule wird das im praktischen Leben allgemein, die Vollschule auch das in manchen weit verbreiteten Berufskreisen Erforderliche zu erstreben haben. Durchgehends ist durch klare Begründung auch hier der höhere Zweck – geistige Bildung — zu fördern. (§. 42.)

4) Gesang. Derselbe ist als wichtiges Mittel zur sittlichen

und ästhetischen Bildung, wie auch zur Förderung patriotischer Gesinnung zu schätzen und zu verwerthen. (§. 43.)

5) Realien. Dieser Unterricht, dem ein bedeutender Platz einzuräumen ist, hat in der Gemeinschule vorzugsweise das zur Erkenntniß zu bringen, was Natur und Leben unmittelbar, in der Vollschule auch, was erst ein erweiterter Gesichtskreis der Beobachtung darbietet. Zu Jenem gehört schon das Voranstehende in Seelenlehre (§. 58.), Naturgeschichte, Naturlehre, Ackerbau, Technik, Sternkunde, Geographie; zum Zweiten außerdem das Wichtigste aus der deutschen Literatur, Weltgeschichte, Physik, Chemie, Geognosie. Dabei soll höherer Zweck sein, die Schüler zur Beobachtung und zum Nachdenken anzuleiten, dadurch Verstand und Gemüth zu bilden und ihnen einen allseitigen, klaren Blick auf Welt und Leben anzueignen. (§. 44.)

6) Mechanische Fertigkeiten. Zum Unterrichte in Baumzucht, Seidenzucht, weiblichen Arbeiten, Turnen, Exerciren und sonstigen mechanischen Fertigkeiten nach örtlichem Bedürfnisse Anordnung zu treffen, bleibt den Schulbehörden überlassen. (§. 46.)

Von der Ausbildung der Volkslehrer.

Für Ausbildung der Volkslehrer wird vom Staate durch Seminare gesorgt. Es sind an denselben nur Lehrer anzustellen, die ihre Qualifikation zu dem ihnen zu übertragenden Unterrichte nachgewiesen haben.

Ueber das Maß der Vorkenntnisse, von welchem Aufnahme der Präparanden auf die Seminare bedingt ist, nach Umständen Bestimmung zu treffen, steht nach Anhörung der Seminardirektoren den betreffenden Schulbehörden zu.

Entsprechend der Eintheilung der Volksschule in eine höhere und niedere, bildet das Seminar Volkslehrer erster und zweiter Klasse, erstere in einem vierjährigen, diese in einem dreijährigen Kursus. (§. 56.)

Die Seminare haben durchgehends auf eine wissenschaftliche Behandlung der Lehrfächer zu halten. Sie sollen die Zöglinge nicht dressiren, sondern ihnen eine reelle Bildung als Grundlage zu späterem Weiterstreben ertheilen. Dieselben müssen die später von ihnen zu lehrenden Gegenstände mit bewußter Einsicht erfassen und beherrschen lernen. (§. 14. 2c. 55.)

Der Kursus der drei ersten Jahre wird folgende Gegenstände zur Aufgabe haben.

Eine Propädeutik, umfassend Seelenlehre (§. 58.), Erziehungslehre (§. 59.) und Unterrichtslehre (Methodik und Katechetik) (§. 60.), hat die Zöglinge zur wissenschaftlichen Erfassung ihres künftigen Berufs anzuleiten. (§. 57.)

Im Lesen ist der dem Sinne entsprechende Ausdruck, im Schreiben Orthographie, guter Styl und Gewandtheit in freiem Aufsatze zu erzielen. Die deutsche Grammatik muß den Zöglingen ihrem Hauptinhalte nach systematisch vorgetragen werden. Auch ist ihnen das für sie Geeignete aus der deutschen klassischen Literatur mitzutheilen und ist Solches als wichtiges Bildungsmittel zu benutzen (§. 65.).

Ferner sind sie mit dem Wichtigsten aus der Sternkunde und Geographie (namentlich mit dem Globus, der Karte von Europa, Deutschland und dem Preußischen Staate) bekannt zu machen (§. 62.), so wie mit einem Abrisse der allgemeinen Weltgeschichte mit besondrer Hervorhebung der Geschichte Deutschlands und Preußens (§. 64.).

Im praktischen Rechnen haben sie den vollständigen Kursus durchzumachen, worin zugleich das im gemeinen Leben Nöthige über Messen und Berechnen der Flächen und Körper vorkommen muß (§. 66.). Auf klare Begründung muß dabei überall gehalten werden.

Besonders mit der einheimischen Natur sollen die künftigen Lehrer hinreichend bekannt werden, um die Jugend zu einem denkenden Aufmerken auf dieselbe anleiten zu können, so wie auch mit den wichtigsten Erscheinungen in Kunst und Technik.

Auch im Zeichnen ist bereits der Anfang zu machen (§. 72.).

Indem im vierten, höheren, Jahres-Kursus die obigen Kenntnisse, so viel wie thunlich, erweitert werden, kommt dazu:

In Mathematik die Arithmetik bis zu den Gleichungen ersten Grades, mit Beschränkung der Lehre von den Wurzeln und Potenzen auf das Nothwendigste; ferner Planimetrie mit Beschränkung auf die Euklidischen Sätze und mit besondrer Hervorhebung des praktischen Gebrauchs zum Messen und Zeichnen (§. 67.).

Ferner ist Physik und Chemie zwar nicht ohne wissenschaftlichen Grund und Zusammenhang, aber mit besonderer Berücksichtigung des dynamischen vor dem mathematischen, des praktisch wichtigen vor dem entlegneren Inhalte jener Wissenschaften vorzutragen (§. 69. 70. 71.). Auch ist das Bemerkenswertheste aus Geognosie und Mineralogie anzuknüpfen (§. 63.).

Endlich dürfen den Lehrern erster Klasse die Haupt-Phasen der deutschen Literatur nicht unbekannt bleiben (§. 65.).

Musik- und Gesangunterricht, so wie manche Fertigkeiten (Obstbaumzucht u. s. w.) und Uebungen in Turnen, Schwimmen, Exerciren u. dergl. sind gemeinschaftlich und nach Bedürfniß zu betreiben (§. 73.).

Der Religionsunterricht und die Ausbildung zum Kirchendienste steht unter Leitung der betreffenden Religionsgesellschaft und fällt hauptsächlich auf den Kursus der drei ersten Jahre.

Von Beaufsichtigung und Leitung des Volksunterrichts.

Alle öffentlichen und Privat-Unterrichts- und Erziehungs-Anstalten stehen unter der Aufsicht vom Staate ernannter Behörden (Art. 23).

Der Schulvorstand, bestehend aus den an der betreffenden Schule angestellten Lehrern (§. 78) und doppelt so viel, als Schulklassen vorhanden, von der Gemeinde frei zu wählenden Schulvorstehern (§. 87), hat in äußern Schul-Angelegenheiten, welche er unter Beobachtung der gesetzlichen Bestimmungen zu leiten hat (Art. 24), den Verwaltungsbeamten, in innern den Schul-Inspektor, oder, wenn sich's um Religionssachen handelt, den Ortsgeistlichen zum Vorsitzenden (§. 78). In allgemeinen Angelegenheiten gebührt dem Schul-Inspektor der Vorsitz; doch hat der Verwaltungsbeamte und bei konfessionellen Schulen auch der betreffende Ortsgeistliche Sitz und Stimme.

Zu Schul-Inspektoren werden Lehrer erster Klasse, die als Lehrer nur Eine Schulklasse einer Halbtagsschule zu versehen haben, designirt (§. 76. 112). Keine der ihrer Inspektion zu untergebenen Schulen darf über zwei Meilen von ihrem Wohnorte entfernt liegen. Sie sind Organe der höheren Schulbehörden und müssen alle öffentlichen und Privatschulen ihres Bezirks vierteljährlich wenigstens Ein Mal besuchen und sich überzeugen, daß auch in den letzteren das Vorgeschriebene geleistet wird. Ferner leiten sie die Konferenzen der Lehrer und die jährlicher

Schulsynoden. Diese bestehen aus sämmtlichen Lehrern eines Inspektionsbezirks und einem Laien-Deputirten jedes Schulvorstandes, bilden die den Schulvorständen zunächst vorgesetzte Schulbehörde und wählen einen Lehrer- und Laien-Deputirten (nebst Stellvertretern) aus ihrer Mitte, welche gemeinschaftlich mit dem Schul-Inspektor die jährlichen Schulvisitationen abzuhalten haben (§. 77).

Den religiösen Unterricht in der Volksschule leiten die betreffenden Religions-Gesellschaften (Art. 24). Derselbe wird von den Staatsbehörden nur so weit überwacht, als die Rücksicht auf Sittlichkeit und Staatswohl es erfordert (§. 79).

Die Leitung der konfessionellen Schulen steht den kirchlichen und Schulbehörden gemeinschaftlich zu. Bei vorkommenden Konflikten bestimmt die Natur des betreffenden Unterrichts die Kompetenz. Es sind solche nöthigenfalls durch Trennung der beiderseitiger Leitung untergebenen Unterrichtsstunden zu beseitigen und finden ihre letzte Entscheidung bei gemischten Behörden (§. 84).

Von der Anstellung der Lehrer.

Ist die Stelle eines Volkslehrers zu besetzen, so stellt die betreffende Königliche Regierung die Liste der nach Maßgabe der Anciennität und Zeugnisse Anspruchsberechtigten auf, wobei den Schulamtskandidaten erster Klasse denen zweiter Klasse gegenüber ihre Anciennität doppelt anzurechnen ist (§. 114). Die für eine konfessionelle Schule Vorzuschlagenden müssen die zu dem erforderlichen Kirchendienste nöthige Fähigkeit haben, und außerdem kann die betreffende kirchliche Behörde deren Zahl beliebig bis auf die Hälfte reduziren. Unter den Bleibenden, deren (wenn überhaupt so viel Bewerber vorhanden) wenigstens drei sein müssen, hat der betreffende Schulvorstand, bei konfessionellen Schulen nach Zutritt des kirchlichen Vorstandes mit gleich vielen Stimmen, frei zu wählen, indem eventuell durch engere Wahl eine absolute Majorität zu erzielen ist und bei endlicher Gleichheit der Stimmen das Loos entscheidet. Die Königliche Regierung ertheilt, wenn keine begründete Bedenken bei der Wahl obwalten, derselben ihre Bestätigung (Art. 24. §. 88. 89).

Als Lehrer der Vollschulen (§. 36) sind vorzugsweise, als

Rektoren derselben ausschließlich Lehrer erster Klasse anzustellen (§. 56. 114).

Zur Anstellung an Volksschulen ist es schon genügend, nach Theilnahme am letzten Jahres-Kursus des Seminar-Unterrichts seine Befähigung auf vorgeschriebenem Wege nachgewiesen zu haben (§. 53). Auch ist es den Lehrern zweiter Klasse zu gestatten, sich auch ohne fortgesetzten Seminar-Kursus für die erste Klasse zu habilitiren.

Von der Unterhaltung der Volksschulen und den Schulgemeinden.

Die Mittel zur Errichtung, Unterhaltung und Erweiterung der öffentlichen Volksschule werden von den Gemeinden und, im Falle des nachgewiesenen Unvermögens, ergänzungsweise vom Staate aufgebracht. Die auf besonderen Rechtstiteln beruhenden Verpflichtungen Dritter bleiben bestehen (Art. 25).

Bei Bildung der Schulgemeinden ist auf Entfernung von der Schule die möglichste Rücksicht zu nehmen. Besonders ärmere Schulgemeinden sind möglichst so zu bilden, daß die Zahl der Mitglieder nahezu ein Tausend oder ein Mehrfaches von tausend beträgt, so daß auf jedes Tausend Ein Lehrer und zwei Klassen kommen (§. 93). Schulen, worin auf Einen der Lehrer nur Eine Halbtagsklasse fällt, sind in der Regel nur in der Absicht zu bilden, um nach der unten erwähnten, mit der Schulgemeinde zu treffenden Uebereinkunft jene Klasse dem Schul-Inspektor, dem Lehrer einer Fortbildungsschule oder einem halbinvaliden Lehrer zu übertragen (§. 94).

Vom Einkommen der Lehrer.

Der Staat gewährleistet den Volksschullehrern ein festes, den Lokalverhältnissen angemessenes Einkommen (Art. 25). Der Festsetzung desselben wird eine Einkommen-Quote zu Grunde gelegt. Dieselbe wird für jeden Kreis gebildet durch die Summe folgender drei Beträge: 1. Preis eines Scheffels Roggen im Oktober nach zehnjährigem Durchschnitte; 2. desgleichen von 3 Scheffeln Kartoffeln; 3. Wochenlohn eines Taglöhners bei täglich zwölfstündiger

Arbeit und eigener Kost (§. 101). — Die so gebildete Quote ist alle zehn Jahre einer Revision zu unterwerfen (§. 102).

Das anfängliche Gehalt eines Lehrers auf dem Lande wird auf 30, das eines Lehrers in der Stadt auf 40 Quoten bestimmt. Jenes ist auf 25, dieses auf 35 Quoten nur in dem Falle herabzusetzen, wenn für eine Gemeinde sonst die Schulabgaben die Hälfte der von ihr zu zahlenden direkten Staatssteuern übersteigen würden. Sollte dies auch nach der Herabsetzung der Fall sein, ist von ihr Staatsunterstützung zu beanspruchen. Den Rektoren der höheren Volksschulen (§. 36) gebühren 60 Quoten, den übrigen Lehrern der Vollschulen 50 Quoten anfängliches Gehalt (§. 104).

Es ist hierbei die Wohnung, die überall frei sein muß, nicht, von den Schul-Ländereien nur, was über 6 Scheffelsaat vorhanden nach dem Miethsertrage, Sonstiges an Realien nach der Taxe anzurechnen (§. 105). Bei Schulstellen, mit denen ein kirchliches Amt verbunden, kommen die kirchlichen Einkünfte nicht in Abzug (§, 106). Ueber Angemessenheit der Wohnung entscheidet in streitigen Fällen die Königl. Regierung auf Vortrag der Schulsynode.

Jenes Minimum schreitet zwanzig Jahre lang jährlich bei genügendem Zustande der Schule, um eine Quote fort. Dieser Zuwachs ist aus einer Kreisschulkasse zu zahlen, zu welcher alle Einwohner des Kreises nach Verhältniß ihrer direkten Staatssteuern beitragen. Nur für Lehrer von Volksschulen trägt die Gemeinde die Hälfte dieses Zuwachses (§. 108). Die Lehrer konfessioneller Schulen erhalten, falls ihre kirchlichen Einkünfte den Betrag von 20 Quoten übersteigen, als Jahreszulage nur eine halbe Quote (§. 110).

Für das Jahr, da eine Schule von der Inspektions-Kommission (§. 77) und der obern Schulbehörde als vernachlässigt befunden ist, zessirt jene Jahreszulage für den betreffenden Lehrer (§§. 111. 115.).

Aus jener Kreisschulkasse sind ferner zu zahlen: 1) Zwanzig Quoten jährlich an jeden Schulinspektor als Büreaukosten und Reisediäten (§. 109.); 2) die den Lehrern als Staatsdienern zukommenden gesetzlichen Pensionen (Art. 23. §. 80.); 3) das halbe Minimum des Lehrers, welchem aus oben angeführten Gründen nur eine Halbtagsklasse übertragen ist, unter Bedingung, daß die betreffende Schulgemeinde auf ihre Betheiligung an der Wahl desselben verzichtet (§. 112.).

Es ist jeder Schulgemeinde unbenommen, die Gehälter über obige Norm hinaus beliebig zu erhöhen, nicht aber, sie darunter herabzusetzen.

Zur halbtägigen Heizung eines Schulofens hat die Schulgemeinde eine Heizquote, bestehend aus einem Klafter (108 Kubikfuß) stämmigen Buchenholzes oder dessen Aequivalent zu liefern oder den Preis davon an den Lehrer zu zahlen. Als Aequivalente gelten ein gleiches Quantum guter Torf oder zehn Scheffel gute Steinkohle. Es ist dabei Transport und bei Holz auch Verkleinerung mit in Anschlag zu bringen (§. 113.).

Von den Wittwen und Waisen der Volkslehrer

Alle Volkslehrer haben zu ihrer Verheirathung den Konsens der Königlichen Regierung nachzusuchen, welcher ihnen ertheilt wird gegen das Versprechen, ihre Frauen für eine Pension von mindestens 50 Thlrn. in die Staatswittwenkasse einzukaufen (§. 80.)

Auch die bisherigen Schullehrerwittwenkassen dauern fort und sind besonders zur Erziehung der Waisen der Volkslehrer zu verwenden. — Diejenigen Waisen, welche sich zu Volkslehrern auszubilden geeignet und geneigt sind, dürfen vorzugsweise berücksichtigt werden.

Druck von J. Blumenthal in Berlin, Adlerstr. 9.